Knaur.

Knaur.

Über den Autor:
Pierre Franckh stand bereits als Kind auf der Bühne und gab sein Filmdebüt in Helmut Käutners Lausbubengeschichten. Seit 1958 spielte er in vielen Kinofilmen und über 200 Fernsehproduktionen mit. Aber auch als Drehbuchautor und Produzent von »Das ist erst der Anfang« ist er hervorgetreten. 2004 überraschte er mit den Bestseller »Glücksregeln für die Liebe«, in dem er die glückliche Ehe mit der Schauspielerin und Autorin Michaela Merten zum Anlass nahm, ein außergewöhnliches Beziehungsbuch zu schreiben.

Julia und Pierre Franckh

Papa,
erklär mir die Welt –
ich erklär dir meine

Knaur Taschenbuch Verlag

Besuchen Sie uns im Internet:
http://www.knaur.de

Vollständige Taschenbuchausgabe Dezember 2007
Knaur Taschenbuch
Ein Unternehmen der Droemerschen Verlagsanstalt
Th. Knaur Nachf. GmbH & Co. KG, München
Copyright © 2005 Pattloch Verlag GmbH & Co. KG, München
Lektorat: Michael Schönberger
Illustrationen: Eugen Stross, München
Umschlaggestaltung: ZERO Werbeagentur, München
Umschlagbild: Pierre Franckh
Satz und Gestaltung: Hartmut Czauderna, München
Druck und Bindung: Offizin Andersen Nexö, Leipzig GmbH
Printed in Germany

ISBN 978-3-426-78052-7

2   4   5   3   1

Inhalt

Vorwort

Pierre

Als mir der Verlag dieses Buch vorschlug, war ich begeistert. Eine ganz ähnliche Idee schwirrte Julia und mir schon seit zwei Jahren durch den Kopf. Voller Freude begannen wir mit der Struktur des Buches. Doch sehr bald stellten wir fest, dass Julia in ganz vielen Dingen bereits eine feste und fertige Meinung besaß. Allerdings unterschied sie sich in so manchem von meiner Auffassung. So wie Julia die Welt sah und in eine ganz eigene Ordnung, nämlich ihre eigene, verpackte, ergab das durchaus Sinn. Wenn auch einen verblüffenden. Ihre Logik hatte aber durchaus ebenso Bestand. Meist machte ihre Sicht der Dinge wesentlich mehr Spaß. Schon bald begann ich ihrer Logik zu folgen, und siehe da, alles machte Sinn. Die Welt ist bunter und facettenreicher, als wir glauben. Vor allem aber poetischer.

Danke, Julia, für den Blick durch deine Augen.

Danke an den Verlag, dass ich so viel Zeit hatte, mich und meine Tochter genauer zu entdecken. Vieles hatte ich in der Schnelligkeit der Welt gar nicht mehr wahrgenommen.

Waren Julia und ich uns schon sehr, sehr nah, hat sich dennoch durch das Buch für mich noch eine neue Welt eröffnet. Allein durch das Nachdenken über ihre vielen Fragen habe ich noch mehr gelernt, die Welt mit den Augen eines Kindes zu sehen.

Julia

Papa und Mama sind schon echt o. k. Aber viele Erwachsene haben keine Ahnung. Auf uns Kinder hört keiner. Im Gegenteil, wir sollen so werden wie die Erwachsenen, so prima. Nur ernster und langweiliger.

Dabei ist doch alles so klar. Zumindest vieles. Na ja, vielleicht nicht alles. Na gut, manchmal ist es ganz o. k., wenn man sie was fragt. Nur: erstens hören sie gar nicht richtig zu – und zweitens gar nicht mehr auf! Dabei will man nur was Kurzes wissen. So stolz sind sie, dass sich endlich mal ein Kind mit ihnen unterhält.

Aber wenn man die Erwachsenen mal was Persönliches fragt, ändert sich das ziemlich schnell. Erst recht, wenn man sie kritisiert. Dann belehren sie nur noch. Bis der Punkt kommt, wo sie nur noch die Fehler sehen, die man angeblich selber macht.

O. k., Papa, wir schreiben das Buch, aber da habe ich gleich mal die erste Frage. Warum soll ich Ordnung halten, wenn du es selber nicht schaffst?

Pierre

Ich unordentlich? Kann doch gar nicht sein! Na ja – vielleicht hast du Recht, ich gebe mir jedenfalls Mühe. Gut, dass du mir ein bisschen heftiger auf die Finger schaust. Ich bin ja lernfähig. Es gibt ein lustiges Sprichwort: »Erziehung haben wir aufgegeben. Es macht keinen Sinn. Die Kinder machen einem doch alles nach.« Das finde ich toll!

Weißt du, was ich von euch Kindern glaube? Kinder sind für uns Erwachsene die größten Lehrmeister.

Wo oder wann?, wirst du fragen.
Vor allem wenn es um Freude geht. Kinder haben Spaß ohne Ende! Selbst wenn sie erschöpft am Boden liegen, Kitzeln geht immer noch. Kinder lieben bedingungslos. Wenn Kinder uns ihre Liebe versagen, haben wir alles falsch gemacht. Dann haben wir uns zu lange der Liebe verschlossen und sie zu oft abgelehnt, bis sie groß genug sind, uns abzulehnen.

Kinder lieben es zu lachen. Kinder wollen nicht ins Bett, weil das Leben viel zu aufregend ist. Kinder wollen nicht aus dem Bett, weil die Träume viel zu spannend sind. Das ganze Leben ein Spiel. Alles aus purer Freude. Essen, trinken, anziehen, laufen, toben, schreien, kämpfen, raufen, alles Ausdruck reinster Lebensfreude.

Ehrlich. Es macht Spaß, ein Kind zu sein. Sorry – es macht *mir* Spaß, ein Kind zu sein. Durch dich, Julia, hab ich es wieder entdeckt. Hatte ich so lange vergessen. Durch den Ernst des Lebens.

Aber wer hat den Ernst erfunden? Wieso hat der Spaß sich aus dem Staub gemacht?

Arbeiten ist unerträglich. Es sei denn, es kommt Spaß hinzu. Menschen, die unter der dauernden Abwesenheit von Spaß arbeiten, sind definitiv im falschen Job.

Alles macht Spaß. Die fünf Zehen, die nicht alle in der Socke bleiben – mhm. Einer guckt schon wieder raus.

Der Regen, der einen völlig durchnässt. Dann kann man auch durch Pfützen tanzen.

In der Badewanne, wenn zwei Schwämme um ihr Leben kämpfen.

Alles macht Spaß. Der Gartenschlauch geht ja bis zur Michaela auf die Terrasse, die sich gerade sonnt. Was macht der denn da? Ein Schlingel, dieser Schlauch. Jetzt aber schnell weg. Zwei Knoten in die Schuhe und den Wecker vorgestellt. Noch schnell einen Pup unter der Decke.

Mit den Augen eines Kindes gibt es unglaublich viel zu entdecken: Den Sonnenaufgang, der sich tatsächlich nach der Uhr richtet. Den dritten Schokoladenkuchen, der wirklich schwer im Magen liegt, weiche Marshmellows über dem Bunsenbrenner, Federball mit alten Socken, die Katzen frisieren, kochen auf Rollerblades, die »Sendung mit der Maus« und den Berichten, wie man Tapeten macht, die »drei Fragezeichen« anhören, im Keller alte Sachen entdecken, Carokaffee im Baumhaus, den kleinen Zettel unter dem Kopfkissen: »Ich hab dich lieb.«

Nein, ich will nicht wieder ein Kind sein. Ich will *wie* ein Kind sein. Mit den Augen eines Kindes macht das Leben wieder Spaß.

So ein Sonntag geht viel zu schnell vorbei. Morgen wird man mich wieder fragen, warum ich so lächele. Nein, ich bin nicht frisch verliebt. Ich lebe. Ich bin ein Kindskopf. Ich bin albern. Ich bin vergnügt. Und wenn ihr noch weiter so viel Dummes fragt, spritz ich euch mit dem Strohhalm voll ...

1. ZARTE BANDE

Wie hast du dann überhaupt eine Freundin bekommen?

◆ Papa, woran merkt man eigentlich, dass man verliebt ist?

Na ja, wenn zwei Leute heimlich ausprobieren, wie ihre Vornamen und ihre Nachnamen zueinander passen.

◆ (kichert) Und wie noch?

(überlegt) Du hast die Handynummer herausgefunden und eine SMS geschrieben, aber traust dich nicht, sie abzuschicken.

◆ (lacht) Und was ist, wenn ich extrem wütend werde, wenn ich seine Ex auf der Straße sehe?

Das ist ein ganz sicheres Zeichen. Aber auch wenn es dir wehtut, wenn deine Freundin etwas Abfälliges über ihn sagt.

◆ Und morgens nach dem Aufwachen, wenn er dir sofort durch den Kopf geht.

Oder wenn du bei ihm nur blödsinniges Zeug stammelst.

♦ Wenn man dauernd neben dem Telefon steht ...

... und Mama fragt, ob du aufpasst, dass das Telefon nicht ge-
klaut wird, oder warum du so angewachsen da rumstehst.

♦ Wenn man mehr an ihn denkt als an sich.

Und wenn man stundenlang mit ihm schweigen kann und
trotzdem glücklich ist. Ich glaube, das alles sind ganz sichere
Zeichen, dass da irgendwas im Busch ist. Verliebt sein ist aber
auch ganz schön stressig, man kann oft nicht mehr klar denken
und hat keinen Hunger mehr.

♦ Wem sagst du das?

Wieso? Bist du verliebt?

♦ Glaubst du, das würde ich zugeben?

(Wir sehen uns eine Weile stumm an.) Wie zeigt ein Mädchen eigentlich heute, dass es verliebt ist? Legt es seinen Kopf auf seine Schulter und …?

♦ (altklug) Papa, das Klein-Mädchen-Gehabe mag bei den Eltern ziehen, bei den Jungs bringt das gar nichts.

Aha. Und woran merkt man, wann ein Junge in dich verliebt ist? Oder sagen wir mal: an dir interessiert ist?

♦ Das ist nicht immer so leicht. Jungs zeigen ihr Interesse völlig anders als Mädchen. Irgendwie cooler. Manchmal flirten sie so cool, dass man es als Mädchen fast überhaupt nicht erkennen kann, dass sie Interesse anmelden. Sie machen zum Beispiel doofe Sprüche.

Wirklich?

♦ Ja, supercooldoofe. Oder sie raufen mit jemandem direkt vor deiner Nase, um dir zu zeigen, wie stark sie sind. Oder sie rempeln oder ärgern dich.

Zuneigung zeigt sich manchmal ganz seltsam.

♦ Also stimmt es doch: Was sich liebt, das neckt sich.

Was ist denn noch ein sicheres Zeichen, dass ein Junge auf dich steht?

◆ Schwer zu sagen. Indem er mich dauernd anschaut. Oder ständig in meiner Nähe sein will. Wenn ich ihn ansehe, fasst er sich gerne durch die Haare. Woran hast du denn gemerkt, dass sich ein Mädchen für dich interessiert hat?

Gar nicht. Als ich in deinem Alter war, hatte ich überhaupt keinen Blick dafür. Du musst wissen, ich war eher schüchtern.

◆ Du, und schüchtern? Kann ich mir gar nicht vorstellen. Und wie hast du dann überhaupt eine Freundin bekommen?

Na ja, die Mädchen haben mich bekommen. Mädchen mögen nämlich schüchterne Jungs ganz gerne, sie finden sie süß.

◆ Stimmt, die mag ich auch viel lieber als die Angeber in der Klasse. Also haben die Mädchen dich angesprochen?

Nein, sie haben ihre Freundin vorgeschickt, die mir mal so nebenbei gesagt hat, wer auf mich steht und wo ich total gute Chancen hätte.

◆ Das machen wir heute auch noch so. Dauernd werden irgendwelche Leute hin und her geschickt, um mal vorsichtig vorzutasten.

Hat bei dir schon mal jemand vorgetastet?

◆ Wir reden gerade über dich. Also, wie ist es denn bei dir weitergegangen?

Na ja, ich hab dann einfach oft zu dem betreffenden Mädchen hingesehen, und wenn sie zurückgeblickt hat, bin ich, glaube ich, ziemlich rot geworden. Und dann habe ich es natürlich meistens so organisiert, dass ich ganz oft ganz zufällig in ihrer Nähe war.

♦ Hast du nicht mit ihr gequatscht?

Doch natürlich, reden konnte ich schon immer ganz gut. Aber ich habe immer nur unwichtiges und vor allem unverfängliches Zeug geplappert.

♦ Du hast sie also nicht gefragt, ob sie mit dir gehen möchte?

Das erste Mal, woran ich mich noch bewusst erinnern kann, war, dass ich mit ihr auf dem Heimweg war und heimlich meine Hand in ihre geschoben habe. Schau – so! Mein Herz hat geklopft wie ein Sechszylinder. Und so sind wir Händchen haltend bis vor ihre Haustür gegangen – ganz, ganz langsam – und haben über die unwichtigsten Dinge auf der Welt geredet. Und ich war so stolz auf mich und unglaublich glücklich.

♦ Und dann?

Irgendwann habe ich den Arm um sie gelegt. Das fand ich ganz schön mutig von mir.

♦ Und – habt ihr euch geküsst?

Ne, wo denkst du hin! So ein Turbo war ich damals noch nicht. Geküsst habe ich eine andere. Aber erst ein halbes Jahr später. Das Händchenhalten ging dann auch schon viel souveräner, auch im Armumlegen war ich ja schon Profi.

♦ Und dann habt ihr euch geküsst?

Ja, im Treppenhaus bei ihr. Ich war der König im Nachhause-bringen, ich hab ein paar Witze gemacht, und sie hat gemerkt, dass ich noch was wollte und ist nicht nach oben. Ich habe mir den Mund fusslig geredet, aber dann wusste ich plötzlich nicht mehr weiter, weil ich sie ja küssen wollte und für nichts ande-res in meinem Kopf Platz hatte. Ich hab also ziemlich dummes Zeug rumgestammelt, und sie hat nur gegrinst. Und dann habe ich einfach gesagt, dass ich sie unheimlich gerne küssen wür-de. Und sie hat gesagt: He, dann mach es doch! Plötzlich war alles total easy.

♦ Und wie alt warst du da?

Ich glaube dreizehn.

♦ Mit dreizehn hast du das erste Mal geküsst?

Na ja, es war nicht so ein richtiger Kuss, mehr so eine Art sü-
ßer Schmatzer. Aber damals war es für mich der Superkuss
schlechthin.

♦ Mit dreizehn einen Schmatzer und Herzklopfen, da warst du aber
spät dran. Wann war denn dein erster richtiger Kuss?

Steh ich hier im Verhör oder was? Hast du denn schon geküsst?

♦ Wir reden doch gerade über dich. Also, wann war dein erster
richtiger Kuss?

Mit fünfzehn, aber so richtig geknutscht habe ich erst mit sech-
zehn. Da hatte ich dann auch ein Mädchen, mit dem ich dann
so ganz offiziell ging.

♦ Und warst du in sie verliebt?

Na klaro! Bis über beide Ohren. Aber sie hatte dann – Schicksal! –
einen anderen Freund und war nicht mehr an mir interessiert.

♦ Da warst du sicherlich sehr verletzt?

Und wie! Die Welt stürzte zusammen. Aber dann war es ein
Glück für mich, denn dadurch habe ich Gabi kennen gelernt.

Mit der war ich fast ein Jahr zusammen. Du siehst, am Anfang ist das ganz schön schwierig, mit den ganzen Gefühlen klarzukommen. Aber im Laufe der Zeit geht das immer besser.

◆ Na ja, ich weiß nicht, wenn ich mir Erwachsene ansehe, was die alles tun, wenn sie verliebt sind …

Verliebt sein ist eben immer was Großes.

◆ Bist du immer noch in Mama verliebt?

Aber ja! Es gibt immer wieder Momente, wo ich sogar ganz frisch verliebt bin. Wenn ich etwas Neues an ihr entdecke oder wir uns eine Weile nicht gesehen haben. Bestimmend für uns beide ist aber das tiefe Gefühl, dass wir uns lieben – das ist noch mal was anderes.

◆ Papa, warst du eigentlich auch mal so richtig unglücklich verliebt?

Oh ja, und wie. Als ich zwölf war, hatte ich mich Hals über Kopf verliebt. Und zwar in Ann Smyrner.

◆ Kenn ich nicht. Aber war sie auch in dich verliebt?

Hör mal, sie war erwachsen und eine sehr bekannte Schauspielerin. Ann Smyrner war wunderschön und hatte eine so warme und weiche Stimme, dass ich sie noch heute im Ohr habe. Ich glaube, sie war Schwedin, hatte so einen lustigen Akzent. Wir verbrachten viel Zeit beim Drehen des Fernsehspiels »Spielplatz« miteinander. Sie bastelte mit mir, schenkte mir Bücher und las mir vor. Ich war hin und weg – wollte unbedingt für immer mit ihr zusammen sein, dachte Tag und Nacht an sie. Ich schwärmte regelrecht von ihr. Und sie mochte mich, das war klar. Als nach sechs Wochen die Dreharbeiten beendet wurden, flog sie zurück in ihre Heimat, und ich begann ihr sofort zu schreiben. Ich zeigte ihr einfach, wie sehr ich sie mochte.

♦ Jetzt wird´s spannend!

Oh ja. Dann kam nämlich ihr Antwortbrief. Der war auch ungeheuer lieb und nett, aber doch sehr eindeutig. Sie konnte und wollte das, was ich in ihr sah, nicht erfüllen. Sie würde mich auch sehr mögen, aber sie habe so viel Arbeit, dass auch ein weiterer Briefwechsel für sie nicht möglich wäre. Damals stürzte eine Welt für mich zusammen. Ich zerriss den Brief. Tram-

pelte auf ihm rum. Wollte nie wieder etwas mit Erwachsenen zu tun haben.

♦ Und nun bist du selber einer.

Jetzt habe ich mal eine Frage an dich. Wie ist das denn bei dir mit der Liebe?

♦ Hast du damals deinen Eltern eigentlich alles erzählt?

Nee, ich war doch nicht doof. Die hätten alles nur falsch verstanden.

♦ Eben. Ich bin doch auch nicht doof.

2. WAHRE LIEBE

Alles ist fließend und ruhig und wunderschön

♦ Papa, wird aus Verliebtheit eigentlich immer Liebe?

Dafür gibt es leider keine Garantie. Klar ist auf jeden Fall, wenn man einige Zeit zusammen ist, hört die Verknalltheit auf. Die Schmetterlinge im Bauch lassen nach und vieles normalisiert sich. Man gewöhnt sich aneinander. Wenn dieser Punkt erreicht ist, können zwei verschiedene Dinge passieren.

♦ Man wacht auf und findet den anderen richtig langweilig.

Genau. Man will nicht wahrhaben, dass diese Schmetterlinge im Bauch nicht mehr herumfliegen, und glaubt, dies wäre der Beweis, dass der Partner einen nicht mehr liebt.

♦ Und dann trennt man sich.

Und sucht woanders nach der Liebe. Das ist eine der Möglichkeiten.

♦ Und die andere?

Es entwickelt sich ein tiefes wunderbares Gefühl der Liebe. Alles ist fließend und ruhig und wunderschön, und der Mensch an deiner Seite wird zu einer Bereicherung, die du niemals in deinem Leben mehr vermissen möchtest. Du weißt, dass du dich fallen lassen kannst und dein künftiges Leben mit ihm teilen möchtest.

♦ Und möchtest gerne Kinder mit ihm haben.

Ja, weil du weißt, dass dein Partner oder deine Partnerin ein wundervoller Vater, eine wundervolle Mutter sein wird.

♦ Kann man denn irgendwas tun, damit aus Verliebtheit Liebe wird? Gibt's da Tricks?

Ne, Julia – bei einer echten Liebe hören alle Tricks auf. Liebe kann man nicht erzwingen, sie entsteht, wenn zwei Menschen sie einfach zulassen.

♦ **Mama und du, wann habt ihr gewusst, dass ihr die Richtigen füreinander seid?**

Jetzt verrate ich dir ein Geheimnis: Liebende treffen sich nicht einfach durch Zufall. Sie sind schon lange ineinander verwoben, lange bevor sie sich treffen. Es ist fast so, als habe alles Bisherige im Leben nur stattgefunden, um zu diesem Menschen hinzuführen. Es ist sogar fast so, als hätte man sein ganzes Leben aufeinander gewartet. Alles Vorhergehende war nur zum Lernen da, um für die große Liebe offen und bereit und auch reif zu sein.

♦ **Und wie bin ich bereit?**

Nicht mehr zweifeln oder Sorge haben, dass man nicht toll genug ist. Liebende haben einfach die tiefe Gewissheit, dass sie ihren Partner treffen werden. Sie sind nur offen dafür, das Wunder zuzulassen. Als ich Michaela an der Strippe hatte – du weißt ja, wir haben uns am Telefon kennen gelernt – und als sie dann vor mir stand, wusste ich einfach, das ist sie, und war bereit, alles, alles, alles zuzulassen.

♦ **Bereit sein ist also alles? Wie macht man das denn?**

Das ist es ja. Man »macht« gar nichts. Jedenfalls musst du nicht nach der Liebe suchen. Die Liebe findet dich, wenn die Zeit reif ist. Du musst nur bereit sein, sie auch zuzulassen. Liebende finden sich immer, wie zwei riesige Magneten, die so lange durchs Universum strahlen, bis sie ihre Anziehung aufeinander ausüben.

◆ Und was für Gefühle hat man dann?

Ich weiß es ziemlich genau. Ich kann mich noch gut daran erinnern. Herzklopfen, Wut, Tränen und nichts als Fragezeichen. Hat sie mich bemerkt, mag sie mich? Bin ich schön genug? Will sie mit mir gehen? Und wenn ja, wird sie bleiben?

◆ Bei der Liebe laufen ganz schön viele Dinge im Gehirn ab. Das habe ich gelesen.

Ach – die Chemie! Natürlich werden im Körper auch Hormone ausgeschüttet. Eine Menge Leute meinen, das wäre schon alles, was an der Liebe dran ist. Sie haben keine Ahnung. Wissenschaftler sehen die Welt halt wissenschaftlich – das ist ein Teilaspekt –, Liebende mit den Augen der Liebe. Es ist deine Entscheidung, wie du die Liebe erleben möchtest. Als wissenschaftliches Körperexperiment oder als Erfahrung des Herzens. Das kann ich dir nicht beschreiben, das merkst du erst, wenn es da ist.

◆ Manchmal bin ich schon ganz kribbelig vor Ungeduld. Ich möchte gleich alles haben. Und dann habe ich auch wieder ein bisschen Angst davor. Haben Erwachsene denn auch Angst vor der Liebe?

Und wie. Erwachsene haben genauso Angst, sich lächerlich zu machen, abgewiesen zu werden, nicht toll genug zu sein oder erneut enttäuscht zu werden. Aber wenn man in der Liebe nichts riskiert, riskiert man viel mehr: ein Leben in Einsamkeit nämlich. Du müsstest dir vielleicht dein ganzes Leben lang sagen: Ich Idiot, einmal hätte ich alles auf diese Karte setzen müssen – und ich habe es nicht gewagt!

◆ Und wenn man die Liebe zulässt?

Dann ist plötzlich alles anders. Wenn man liebt und geliebt wird, ist man nicht mehr arm, dumm oder hässlich. Du liebst nicht mehr, weil dein Geliebter schön ist, sondern er ist schön, weil du ihn liebst. Dann kann er ruhig auch mal krank werden oder alt. Er kann zerknautscht in den Spiegel gucken oder mal traurig sein – oder was auch immer. Das zählt nicht mehr.

◆ Liebe hat doch aber auch ganz viel mit Treue zu tun.

Natürlich, Julia. Treu sein ist das sicherste Zeichen für Liebe. Manchmal wirst du in Zeitschriften lesen, dass da einer sagt: Wir lieben uns ja so, aber deshalb müssen wir uns ja nicht gleich treu sein. Das ist ein Riesenquatsch. Und für viele ist

Treue nur, dass man mit keinem anderen schläft. In Wirklichkeit bedeutet Treue aber noch viel mehr: Vertrauen, Verschwiegenheit, sich blind aufeinander verlassen können und zu seinem Wort stehen.

♦ Über die Liebe weißt du ganz schön viel.

Dank Mama. Durch sie habe ich ganz viel über die Liebe gelernt. Aber jeder erfährt die Liebe anders. Für mich hat die Liebe das Gesicht von Mama. Und Mamas Liebe schaut mir in die Augen. Keinem anderen. Keine zwei Liebesgeschichten sind gleich. Die Erfahrung der Liebe ist so einzigartig wie die Liebenden selbst.

♦ Und woran sehe ich, dass der andere mich liebt?

Das kannst du gar nicht übersehen. Liebe strahlt aus den Augen, und wenn du auch voller Liebe bist, strahlst du zurück.

♦ Du, Papa, es gibt tausende von Jungs …

Ich würde sagen: Millionen!

♦ Egal. Also Millionen. Wie finde ich da eigentlich den Richtigen heraus?

Du musst ihn nicht finden. Er wird einfach kommen. Eines Tages wird er einfach vor dir stehen, und du wirst wissen, dass es der Richtige ist.

♦ Hast du es denn bei Mama auch gewusst?

Von der ersten Sekunde. Obwohl ich noch gar keine neue Beziehung haben wollte, war sie mir so nah und vertraut, als würden wir uns schon ewig kennen. Ich wusste, das ist sie. Es gab gar keinen Zweifel. Nicht eine Sekunde, seit wir zusammen sind. Das wird dir irgendwann auch so gehen.

♦ Du hast gut reden, du hast Mama gefunden. Glaubst du, dass ich auch so jemanden wie dich finden werde?

Da bin ich mir sogar ziemlich sicher. Ein bisschen anders wird er schon aussehen. Du musst nicht nach einer Kopie von deinem Papa suchen. Ich werde mich für dich auch nicht klonen lassen. Oder soll ich?

◆ Papa – kaum hat man dich auf ernst, redest du wieder Quatsch. Was macht dich so sicher, dass ich meine große Liebe finde?

Weil das Leben schon immer so läuft. Der Junge, der für dich bestimmt ist, schwirrt schon längst da draußen rum. Natürlich weiß er von dir noch nichts. Er muss ja erst einmal zum Mann werden. Dann muss er auch noch erst mal beziehungsfähig werden. Also wird er zuerst noch ein bisschen für dich trainieren. Er will ja ein guter Partner sein, also muss er herausfinden, wie das Ganze so funktioniert. Er wird zuerst noch andere Mädchen haben und ausprobieren, wie das überhaupt geht mit dem Kennenlernen, dem Betrügen und Betrogenwerden und natürlich dem Treusein. Das wird ihn heftig durcheinander schütteln und hoffentlich irgendwann einen tollen, liebevollen Mann aus ihm machen.

◆ Ufff. Das muss ich ja auch noch alles lernen.

Bange machen gilt nicht. Und wenn ihr beide dann irgendwann das Gefühl habt, ihr habt euch genug ausprobiert, jetzt ist es so weit für eine richtige wahre tiefe Liebesbeziehung, werdet ihr euch über den Weg laufen.

◆ Und was ist, wenn er mir über den Weg läuft und ich ihn nicht bemerke?

Mann, Julia, bist du hartnäckig! Aber ich war genauso. Ich hatte genau die gleichen Ängste. Jeder hat solche Befürchtungen. Der Junge, der sich gerade auf ein Leben mit dir vorbereitet, hat wahrscheinlich ganz ähnliche Befürchtungen. Er weiß innen drin, dass es dich bereits auf dieser großen weiten Welt gibt, und befürchtet ebenfalls, dich nicht zu finden. Aber er findet dich eines Tages, ganz bestimmt.

♦ Aber warum gibt es dann so viele Singles?

Weil sie nicht darauf vertrauen, dass der Richtige zu ihnen kommen wird. Weil sie herumtricksen und es »machen« wollen. Ständig sind sie mit irgendjemandem zusammen, um nur ja nicht alleine zu sein. Dann flüstern sie ihm was von Liebe – und heimlich sind sie ständig weiter auf der Piste. Sie halten Händchen und gleichzeitig gucken und suchen sie ohne Ende. Schnell, hektisch, rastlos, ewig vergleichend. Und vor lauter Herumschauen und Weitersuchen verlieren sie die Ruhe und Gelassenheit und die Sicherheit, dass das Richtige geschehen wird.

♦ Bist du auch so viel auf der Piste gewesen – so mit Herumlaufen und Gucken?

Da war ich Weltmeister drin. Aber je mehr ich gesucht habe, desto mehr habe ich mich selbst verloren. Weil ich vor lauter schnellem und hektischem Schauen gar nicht die Menschen wahrgenommen habe, mit denen ich zusammen war. Ich habe eigentlich immer nur ausprobiert, ohne mir die Zeit zu lassen, zu spüren, ob dieser Mensch auch der Richtige für mein Leben ist. Damit habe ich ziemlich viele Menschen verletzt.

♦ Und das hast du nicht kapiert, was du da machst?

Nein. Hätte ich das bereits damals schon geschnallt, hätte ich es doch nicht so gemacht.

♦ Oh Papa. Ich finde, das alles ist gar nicht so einfach, wie du jetzt tust.

Nimm es einfach nicht so ernst. Du trainierst nur. Du probierst dich aus. Du lernst, wie das geht, mit jemandem in Beziehung zu sein. Das ist wie bei den allerersten Schritten, dauernd fällt man auf die Nase. Und heute laufen wir beide wie Weltmeister.

3. SEX UND HEISSE GEFÜHLE

Wer hat dich eigentlich aufgeklärt?
Und war das auch so peinlich?

♦ Warum werden Erwachsene eigentlich immer so ernst beim Sex?

Julia! Jetzt bin ich aber geschockt. Hast du denn schon welche gesehen?

♦ (lacht) Nein, ich meine, wenn man mit ihnen darüber redet. Warum spricht man nicht mit Kindern über Sex?

Na, ganz einfach: weil die Großen solchen Schiss davor haben! Früher – das kannst du dir nicht vorstellen – hat man überhaupt nicht von Sex gesprochen. Als ich so alt war wie du, war es regelrecht tabu. Da wurde immer nur heimlich darüber getuschelt. Heute ist man natürlich viel freier und offener. Aber du musst bedenken, dass die Kinder von damals die Erwachsenen von heute sind. Die meisten dieser heutigen Erwachsenen sind damals sehr streng erzogen worden. Und das ist eben der Grund, warum viele auch heute noch nicht locker darüber reden können. Sie haben es einfach nicht gelernt.

♦ Ich hab mir schon so was gedacht. Sonst müsste es ja in der Schule keinen Aufklärungsunterricht geben, wenn die Kinder von den Eltern schon alles gehört haben.

Da hast du Recht. Aber auf diese Weise haben alle Kinder die gleichen Chancen, zu erfahren, wie das eigentlich so geht mit dem Sex und welche Gefahren lauern. Auch die Kinder von etwas verklemmten Eltern.

♦ Das habe ich schon gemerkt, dass nicht alle Eltern so offen darüber reden wie du und Mama. Aber selbst wenn die Erwachsenen nicht darüber reden, ist doch Sex für Erwachsene auch sehr wichtig, oder?

Auf jeden Fall.

♦ Aber warum ist Sex denn so wichtig?

Sexualität ist eine der größten und mächtigsten Erfahrungen, die wir machen können. Daher ist es auch für Erwachsene ständig ein Thema. Sie denken ganz viel daran, träumen davon, freuen sich drauf oder haben Angst davor – auch wenn sie nicht darüber reden können und so tun, als würden sie im Leben nicht auf solche Gedanken kommen. Alle tun das, verlass dich drauf.

♦ Seid ihr Erwachsenen komisch. Da gibt's was, das schön sein soll – und dann darf nicht offen darüber geredet werden.

Da hast du Recht – das ist komisch. Aber man muss auch etwas unterscheiden. Natürlich wäre es merkwürdig, wenn jeder auf der Straße rumrennt und erzählt, was er gerade vor einer Stunde für einen schönen Sex gehabt hat. Das wäre doch blöd! Die Liebe muss auch ihr Geheimnis haben. Aber sonst bin ich sehr für Offenheit. Ich weiß noch, wie ich in die Pubertät kam. Da war ich ziemlich verunsichert. Plötzlich war alles anders in meinem Körper, und ich konnte mit niemandem darüber reden. Ich konnte nicht einmal irgendwo darüber nachlesen.

♦ Du hast doch gesagt, du hast die Bravo gelesen?

Ja, aber vor vierzig Jahren war die Zeitschrift natürlich noch ganz anders als heute. Da wurde nicht einmal erwähnt, dass es so etwas wie Sex überhaupt gibt. Heute wird in der Bravo nicht nur ausführlich darüber berichtet, sondern da gibt es auch noch jede Menge Fotos.

♦ Die sprechen aber auch über ganz viele Gefühle.

Natürlich, weil die ja auch ganz wichtig dabei sind. Ich konnte damals darüber jedenfalls noch nichts lesen.

♦ Wer hat dich denn eigentlich aufgeklärt? Und war das auch so peinlich?

Mensch, Julia – ich weiß es gar nicht mehr so genau. Ein bisschen was wusste ich. Es wurde da und dort getuschelt. Und als meine Mutter sich mit mir hinsetzte, um ganz offiziell mit mir darüber zu reden, habe ich großspurig herumgetönt und gesagt: »Vergiss es. Ich weiß alles!« Da war meine Mama ganz schön platt. Bestimmt hat sie sich Sorgen gemacht und gedacht, ich sei ziemlich verdorben. Dabei war das gar nicht der Fall. Ich hatte keine Ahnung. Aber mir war das Gespräch viel zu peinlich, als dass ich da auch nur noch eine Minute länger bei ihr hätte sitzen wollen.

♦ Aber wie hast du dann rausgekriegt, wie es geht?

Ich glaube, dass ich mit ziemlich wenig Wissen angefangen habe. Die Mädchen, glaube ich, wussten mehr. Mädchen waren und sind uns Jungs ja immer weit voraus. Aber natürlich war es für sie genauso neu wie für mich. Also hat man sich langsam angenähert. Ich war immer nur mit Mädchen zusammen, die ich wirklich gerne gemocht habe. Und sie mich. Das hilft sehr, weil man ganz anders miteinander umgeht. Wobei wir lange nicht richtigen Sex hatten – also immer kurz vorher aufhörten. Aber das war auch so prima, denn alles war natürlich neu und aufregend. Das erste Mädchen, mit dem ich zusammen war, hatte jedenfalls keine Erfahrung oder nur wenig. Ich war genauso blank. Also haben wir mit großem Herzklopfen begonnen, die ersten Erfahrungen zu machen.

♦ Ich glaube, das ist noch heute so.

Natürlich. Noch immer gibt es den Unterschied zwischen der Theorie und der Praxis. Vielleicht wisst ihr heute mehr, auch mehr über Verhütungsmittel, was auch wegen AIDS sehr wichtig ist, aber in der Praxis ist man dann doch völlig auf sich allein gestellt.

♦ Schon gut, so genau will ich es gar nicht wissen.

Wie ich bei meiner Mutter. Ich glaube, das Wichtigste ist einfach nur, dass du einen wirklich netten Jungen erwischst, der in dich richtig verknallt ist. Das Schönste beim Sex ist nämlich die Liebe. Ohne dieses Gefühl kann Sex ziemlich verletzend sein.

♦ Bist du früher oft verletzt worden?

Sehr oft sogar. Sex kann nämlich unglaublich intensiv sein. Im Positiven wie auch im Negativen. Wenn die Person, mit der wir im Bett sind, nicht sehr sensibel mit uns umgeht, kann das ziemlich unangenehm sein. Überlege dir doch einfach mal, wie es ist, wenn dich jemand umarmt, den du gar nicht magst.

♦ Iii – das ist ja eklig!

Beim Sex kommt noch viel mehr dazu. Die Scham, die Freude, die unglaubliche Nähe und die Aufregung. Und nicht immer klappt alles, schon gar nicht am Anfang. Wenn man sich da nicht liebt und versteht, fühlt man sich ziemlich mies. Da kann ein einziges Wort schon sehr verletzen.

♦ Oder wenn er kurz darauf mit jemand anderem geht.

Ja, das kann einen ziemlich abtörnen. Wenn die Gefühle, die dabei entstanden sind, vom anderen gar nicht so gemeint waren, das kann sehr wehtun. Na ja, und beim nächsten Mal vertraut man nicht mehr so leicht.

♦ Ist das bei den Erwachsenen auch so?

Und wie. Sex kann die Gefühle völlig durcheinander bringen. Schau dir doch mal Erwachsene an, wie sie sich aufführen, wenn ihre Liebe plötzlich nicht mehr erwidert wird. Sie flippen aus, werden gewalttätig oder magern ab.

♦ Oder weinen.

Deswegen ist es so wichtig, sich den Jungen vorher genau anzuschauen, ob er auch wirklich der Richtige ist und zu dir passt.

♦ Kann er auch Geheimnisse behalten oder plaudert er alles aus?

Das ist ganz wichtig. Denn wenn ihr vielleicht irgendwann mal nicht mehr zusammen seid, wissen dann plötzlich alle anderen auch die Details von euren intimen Erlebnissen? Aber es gibt noch mehr, was wichtig ist. Ist er zum Beispiel eher grob oder zärtlich? Und achtet er auf deine Bedürfnisse? Wenn das alles der Fall ist, ist Sex die schönste Sache auf der Welt. Aber ich weiß noch, wie ich in deinem Alter war, hatte ich auch ganz schön Angst.

♦ Warum das denn?

In dem Alter, in dem du jetzt bist, haben Jungs meistens Angst vor Mädchen. Sie wissen nicht, was auf sie zukommt. Sie möchten gerne ein Mädchen haben und mit ihr gehen, gleichzeitig müssen sie auch ihren Kameraden imponieren. Wenn du das anhören müsstest, was die da für ein Zeug erzählen!

♦ Ich hab schon gemerkt: Die Jungs haben ganz schön Respekt vor uns.

Na klar! Weil es da so viel Unsicherheiten gibt, wird natürlich ständig geflunkert und geprahlt. Die Jungs lügen, dass sich die Balken biegen. Sie behaupten, jede Menge Erfahrung zu besitzen, und in Wahrheit schlottern ihnen die Knie.

♦ Du sprichst wohl aus eigener Erfahrung?

Ein bisschen schon. Alle haben damals angegeben. Ich nehme an, dass das heute nicht anders ist. Das ist, wie wenn man im Keller pfeift, um die Angst nicht zu zeigen.

♦ Du meinst, die Jungs haben richtig Schiss?

Ich glaube, da ist von allem etwas dabei: Neugier, Lust, Freude und natürlich auch Angst. Und weil sie die Angst nicht zeigen möchten, reden sie manchmal ziemlich grob und abfällig von den Mädchen.

♦ Das stimmt. Sie sagen, Mädchen taugen nichts, nur Jungs können alles.

In ein paar Jahren dreht sich das alles um. Da werden sie alles tun, um den Mädchen zu gefallen. Jeder möchte gerne ein Mädchen haben. Aber natürlich bekommt nur der Netteste und Charmanteste eine ab. Jetzt aber, in der Pubertät, wo noch alles so neu und einschüchternd ist, versuchen sie ihre Unsicherheit mit Überheblichkeit zu überspielen.

◆ Aber wovor haben sie denn Angst? Wir beißen doch nicht.

Pass auf – sie haben Angst, vielleicht nicht gut genug zu sein. Ihr Mädchen könntet ja sagen, der ist ein Weichei, ein Softie, ein Sofapuper! Das ist ja kein Mann! Oder sie haben Angst, etwas falsch zu machen. Das ist so ein Gefühl wie vor einer großen Prüfung. Man ist aufgeregt, und obwohl man wahrscheinlich alles weiß, ist man auch ein bisschen unsicher. Und die Jungs haben es da ein bisschen schwerer.

♦ Warum das denn?

Weil sie vor ihren Kumpels die ganz großen Macker spielen müssen und ihre ganzen Freunde, die noch keine Erfahrung haben, erst recht markige Sprüche machen. Solange man die Liebe nicht erlebt hat, schützen sich viele, indem sie sehr flott und derb darüber hinweggehen.

♦ Das heißt, je wilder die Sprüche, desto weniger Erfahrung.

Wer wirklich ein Mädchen hat, braucht nicht mehr anzugeben. Er ist verliebt, und da ist alles andere unwichtig. Wer bereits mit einem Mädchen zusammen ist, muss nicht mehr vor den anderen prahlen.

♦ Genau. Und du und Mama? Redet ihr auch noch über Sex?

Doch, natürlich, aber nicht mit anderen. Sex ist eine sehr persönliche und private Sache zwischen zwei Menschen, die sich lieben. Deswegen redet man nicht mit anderen darüber. Das ist ein Geheimnis zwischen diesen beiden Menschen. Und wenn das Vertrauen, das man dem anderen entgegenbringt, geachtet wird, entsteht immer mehr Nähe, Zutrauen und Liebe. Nichts ist schlimmer, als wenn plötzlich die intimen Momente zum Gesprächsstoff für andere werden.

♦ Oh ja, das ist furchtbar. Bei uns weiß oft die ganze Klasse, wer mit wem geknutscht hat.

Es gibt eben ein ganz natürliches Schamgefühl. Man zeigt sich auch nicht jedem nackt. Aber seinem Partner gegenüber schon.

♦ Jetzt muss ich dich mal was fragen, Papa! Du hast doch auch so Filme gemacht, wo du fremde Frauen küssen musstest. Da hab ich immer so ein komisches Gefühl, wenn ich mir die angucke. Ich weiß, es ist dein Beruf …

… dass ich fremde Frauen küssen muss?

♦ Nein, Papa, du weißt schon! Also noch mal: Wenn du jemand anderen küssen musst, ist das nicht total peinlich?

Natürlich ist es das. Sehr sogar. Früher, als ich noch ungebunden und frei war, glaubte ich, das ganz gut trennen zu können, das Private und das Berufliche. Aber das war wohl nicht die Wahrheit, denn oft war ich dann auch privat mit meinen Filmpartnerinnen zusammen.

◆ Und wenn du heute jemand küssen müsstest?

Ich glaube, dass ich das gar nicht mehr gut könnte. Seit ich mit Mama zusammen bin, habe ich jedenfalls keine solche Szene mehr gedreht.

◆ Aber damals? Wenn du im Fernsehen jemand küssen musstest, mochtest du sie dann auch?

Nein, nicht unbedingt. Meistens kannte man sich vorher nicht mal. Manchmal war es sogar so, dass man sich noch siezte und gleich nach dem ersten Händeschütteln miteinander ins Bett musste, weil der Drehplan es so erforderte. Natürlich ist da noch das ganze Team um einen herum, aber trotzdem ist es auch ziemlich privat. Man ist nackt im Bett mit jemandem, man schaut sich verliebt an, sagt, dass man sich liebt, und küsst und streichelt sich.

◆ Aber es kommt nicht zum Sex. Man tut doch nur so, als ob.

Ja, aber trotzdem ist man sich nah. Man spürt die Haut, man hört die Worte. Als Schauspieler musst du tief in die Gefühle deiner Rolle einsteigen. Sonst glaubt dir ja keiner, was du spielst. Je mehr du in der Rolle bist, desto überzeugender bist du. Also fühlst du, denkst du wie der Held da im Bett, der gerade eine Frau zu lieben hat. Du wirst zu dieser Person. Der Verstand kann das gut unterscheiden, aber der Körper und die Gefühle haben da schon Schwierigkeiten. Jedenfalls war ich oft mit meinen Partnerinnen dann auch wirklich zusammen.

♦ Gut, dass du keine Liebesszenen mehr spielst.

Letztendlich passiert da mehr, als man zugeben möchte. Da spielt im Körper schon so einiges verrückt. Der Körper versteht nämlich nicht, dass das alles nur Show sein soll. Für ihn passiert da mehr. Es entsteht dabei schon immer eine ganz eigene Bindung.

♦ Aber du hattest doch nicht mit allen immer eine wirkliche Beziehung?

Nein. Aber ich kann mich noch immer sehr genau an diese Szenen erinnern. Es ist also nicht so leicht, sie zu vergessen. Mit jemandem im Bett zu sein, und sei es auch nur als reine Show, ist eben immer eine besondere Sache.

♦ Ich hab keine Angst wegen dir.

Wie meinst du das?

♦ Na, wenn mal wieder ein Drehbuch kommt für dich. Dann werde ich Mama vorschlagen, sie soll es von vorne bis hinten durchlesen und alle Stellen rausstreichen, wo du blöde Gefühle bekommen könntest ...

4. ERWACHSEN
WERDEN

**Manchmal bin ich schon zwölf und manchmal erst zwölf.
Wie soll man sich da auskennen?**

♦ Ich finde, jedes Kind hat ein Recht darauf, auch erwachsen behandelt zu werden.

Ich finde, jeder Erwachsene hat ein Recht darauf, auch mal wieder wie ein Kind sein zu dürfen.

♦ Papa, wann ist man eigentlich erwachsen?

Kluges Kind, gute Frage! Woran merkt man das? Es gibt nämlich genügend Menschen, die einen kräftigen Körperbau, ja schon die ersten grauen Haare haben, aber noch immer Kinder sind. Ist es also die Größe, der Verstand oder das Alter? Wann ist denn für dich jemand erwachsen?

♦ Mit 18. Da darf man nämlich alles. Auto fahren, bis in die Puppen feiern, eine eigene Wohnung haben ... super!

Wie – das nennst du erwachsen? Bist du es mit 17 Jahren und elf Monaten noch nicht?

♦ Kluger Papa, gute Frage.

Früher war man zum Beispiel erst mit 21 Jahren volljährig. Das wurde dann einfach per Gesetz in 18 Jahre geändert. Ich war damals 20 Jahre alt und durfte plötzlich wählen. Aber war ich tatsächlich nur durch ein neues Gesetz über Nacht erwachsen geworden?

♦ Zumindest wurdest du wie ein Erwachsener behandelt. Dann durftest du alles machen.

Nicht wirklich. Ich ging immer noch zur Schule, wohnte bei meiner Mutter und ließ mir meine Wäsche waschen. Volljährig zu sein, also 18 zu sein, bedeutet nur, dass du die gleichen Rechte hast wie ein Erwachsener. Du trägst aber noch immer nicht die gleiche Verantwortung.

♦ Viele wohnen noch ganz lange zu Hause.

Und wenn sie studieren, werden viele noch immer von den Eltern unterstützt, auch wenn sie schon 30 sind.

♦ Dann gibt es also beides. Manche sind mit 17 Jahren schon erwachsen …

… und manche erst mit 25.

♦ Und manche nie.

Es ist heute auch wirklich schwierig geworden, erwachsen zu werden. Es gibt keinen klaren Punkt, ab wo man sich als »fertiger« Mann oder als »fertige« Frau betrachten kann. Alles ist fließend. Früher gab es in allen Religionen und Kulturen dafür Rituale. Man hat sich auf diesen Moment vorbereitet, um während der Pubertät den Wandel vom Jugendlichen zum Erwachsenen zu vollziehen. Man nennt das Initiationsriten. Das war dann eine klare Sache. Die Mädchen durften zu den Frauen in ihre Versammlungen gehen. Und die Jungs gingen mit den Männern auf die Jagd.

♦ Ich weiß, dafür gab es Prüfungen, die manchmal sehr gefährlich waren.

Bei anderen Kulturen waren die Prüfungen auch sanfter, aber immer verließen die Jugendlichen für einige Zeit das Dorf oder die Gemeinschaft, um dann nach der erfolgreichen Prüfung als voll anerkannter Erwachsener mit all der damit verbundenen Verantwortung wieder aufgenommen zu werden.

♦ Und wenn man die Prüfung nicht bestanden hat?

Die Prüfungen waren immer so, dass man sie bestehen konnte. Oft gab es die Gefahr gar nicht in Wirklichkeit, man musste nur die eigene Angst überwinden.

♦ Das ist so wie im dunklen Keller nachts etwas holen. Oder alleine draußen im Wald die Nacht verbringen.

Die Prüfungen waren natürlich etwas schwerer. Aber nach überstandener Prüfung gab es das »Kind« nicht mehr. Es war für alle so, als wäre es gestorben. Zurück kam ein Mann oder eine Frau, die die gleichen Rechte und Pflichten hatten wie ein

Erwachsener. Das war natürlich etwas ganz außergewöhnlich Wichtiges im Leben, und fast immer war damit ein großes Fest verbunden. Auf diese Weise wurden seit Jahrtausenden Jugendliche zu Erwachsenen. Man nannte das die »soziale Geburt«. Heute gibt es diesen Übergangspunkt nicht mehr.

♦ Das heißt, keiner weiß mehr richtig, dass er eigentlich schon erwachsen ist?

Genau. Viele Leute denken, sie wären erwachsen, aber sie haben noch nicht die Verantwortung für sich selbst und ihr Leben übernommen. Es gibt keine Vereinbarung, kein Versprechen, kein Ritual, keine Prüfung. Also nichts Wesentliches, das eine neue Epoche in ihrem Leben einläutet. Deshalb verharren viele Leute noch in der Haltung eines Kindes.

♦ Und woran merkt man das?

Sie erwarten zum Beispiel noch immer, dass sich andere um sie kümmern. Die Eltern, der Chef, die Firma und natürlich der Staat, der alles absichern muss, wenn man selbst nicht zurechtkommt. Ein typisch kindliches Verhalten ist auch, wenn man bei allen Problemen, die auftauchen, die Schuld auf andere schiebt. Immer ist jemand anderer an der eigenen Situation schuld. Viele glauben auch, dass sie nur fordern dürften und keine Pflichten haben.

♦ Du spielst doch hoffentlich jetzt nicht auf mich an?

Ich zeig dir nur, dass das alles ein kindliches Verhalten ist. Und da es heute keinen klaren Einschnitt gibt, ab wann man erwachsen ist, ist es schwer, sich als Erwachsener zu fühlen.

♦ Wann bin ich also erwachsen?

Das kann ich dir sagen: Das ist dann, wenn du Verantwortung für dein Leben übernimmst. Wenn du dein Leben in die eigenen Hände nimmst. Wenn du dich für alles, was du tust, verantwortlich fühlst und bereit bist, die Konsequenzen zu tragen. Dann gehört die ganze Welt dir. Du bist selbstständig und eine Bereicherung für die Welt.

◆ Und nicht abhängig.

Du bist Teil des Ganzen. Ein wesentlicher Teil. Durch dich wird die Welt schöner, größer und reicher.

◆ Dann sollten wir vielleicht für mich auch so ein Ritual machen.

Klar, aber jetzt noch nicht.

◆ Vielleicht, wenn ich von zu Hause ausziehe?

He, Julia, schock mich nicht! Du denkst jetzt schon ans Ausziehen?

◆ Wolltest du nie von zu Hause weg?

Na klar, jedes Kind will irgendwann von zu Hause weg. Und das ist auch ganz richtig so, man will ja endlich auf eigenen Beinen stehen. Eltern wollen das immer nur theoretisch, aber wenn es dann Wirklichkeit wird, versuchen sie die Freiheitsbestrebungen zu bekämpfen. Irgendwie ist das komisch: Eltern denken immer: »Die liebe Kleine«, selbst wenn »die liebe Kleine« vor der Rente steht und sie selbst 95 Jahre alt sind.

◆ Aber du und Mama, ihr denkt doch nicht so? Obwohl ich noch nicht vor der Rente stehe – oder?

Wir werden uns große Mühe geben. Wir versuchen ja jetzt schon, in dir das große Mädchen zu sehen. Jedenfalls kann ich ganz gut beobachten, wie du jeden Tag dein Leben mehr und mehr in deine Hände nimmst. Wie du reifer wirst, selbstständiger und mehr Verantwortung übernimmst.

50

♦ Ist aber nicht immer ganz einfach. Manchmal bin ich schon zwölf und manchmal erst zwölf. Wie soll man sich da auskennen? Ich kann zum Beispiel schon auf kleinere Kinder aufpassen, und trotzdem müssen andere noch auf mich aufpassen.

Lass dir nur Zeit, erwachsen werden ist ein fließender Prozess. Kind sein ist dabei genauso wichtig, wie erwachsen zu werden. Es ist dein gutes Recht, noch beides zu sein.

♦ Manchmal fühle ich mich wie eine Erwachsene in einem viel zu kleinen Körper.

Mach dir keine Sorgen. Wenn man mittendrin ist, spürt man die Veränderung sehr stark, ohne bereits angekommen zu sein. Wichtig ist nur, die Veränderung zuzulassen. Das ist nicht immer leicht. Vor allem nicht für Eltern, die nicht wollen, dass ihre Kinder erwachsen werden.

♦ Warum nicht?

Weil sie Angst haben, alleine zu sein. Eltern lassen ihre Kinder selten los. Deswegen lassen die Kinder irgendwann ihre Eltern los. Um erwachsen werden zu dürfen, ziehen sie weg, studieren oder arbeiten in einer anderen Stadt. Weit weg von der Kontrolle der Eltern. Und siehe da. Ohne Eltern zu leben geht ganz einfach. Endlich selbst erbrachte Leistungen! Die ersten Erfolge! Wenn sie nach Hause kommen, sind sie in den Augen der Eltern noch immer Kinder. Es gab eben nie ein klares Abkommen, einen Einschnitt, ein Ritual, ab jetzt bist du aufgenommen in der Erwachsenenwelt.

♦ Also, wie ist das nun mit dem Erwachsen-werden-Fest, wenn ich ausziehe?

O. k. – das könnten wir mal so ins Auge fassen. Das mit dem Ausziehen wäre zumindest ein guter Zeitpunkt für ein richtig gutes Ritual. Da machen wir unser ganz eigenes Franckh-Merten-Julia-Erwachsen-werden-Spezial-Ritual.

♦ Aber hoffentlich ohne die Prüfungen, Folter, Todesangst und den ganzen Blödsinn?

Wir machen ein großes, großes Fest mit einem wundervollen Ritual.

♦ Du scheinst dich aber nicht wirklich darauf zu freuen? Oder täusche ich mich?

Na ja, Vater sein ist nicht immer so ganz einfach. Ich wünsche mir schon, dass wir noch eine ganze Zeit hier zusammen sind und viele intensive Momente miteinander haben. Dann weiß ich, dass du stark bist, und dann kann ich dich gut loslassen.

♦ Das wünsche ich mir auch. Und wie war das mit deinem Papa? Wollte der dich auch stark machen?

Mein Vater hatte leider nie wirklich Zeit für mich. Ich glaube, deswegen haben sich die wenigen Momente ganz tief in meine Erinnerung eingegraben.

♦ Was war denn so ein Moment für dich?

Jetzt wirst du staunen, Maus. Ich habe mit meinem Vater auch ein Buch geschrieben.

♦ He – so eins wie wir?

Nein, ein ganz privates. Als ich sieben war, wollte ich unbedingt was schreiben. Ein Theaterstück, das ich dann für meine Eltern aufführen wollte.

♦ So wie ich manchmal für euch etwas aufführe?

Genau. Es sollte etwas ganz Besonderes werden. Ich wollte meinen Eltern mal zeigen, wie ich mich fühle. Aber das war echt heavy. Ich hatte keinen Plan, wie man das macht. Mein Vater hat das gemerkt, mir seine Schreibmaschine rübergeschoben und von null auf plötzlich angefangen, mit mir ein Kasperltheaterstück zu schreiben. Kasperl war plötzlich ich, und mein Vater wollte alles über meine Gefühle wissen. Dann begann er mit mir zu schreiben. Er hat all seine Arbeit stehen und liegen gelassen; nichts war mehr wichtig, nur das Gelingen unseres kleinen Stückes. Er ließ das Telefon klingeln und verschob seine Termine. Ich war glücklich. So nah war ich meinem Vater ganz selten.

♦ Und hast du das Stück dann aufgeführt?

Das war gar nicht mehr nötig. Mein Vater wusste ja nun bereits alles über mich. Er verstand total, wie ich mich fühlte. In dem Stück gab es auch einen Polizisten, das war er selbst. Und dieser Polizist hat dem Kasperl gesagt, wie er sich fühlte. Es waren damals 10 oder 15 Seiten, und wir haben sie immer wieder durchgelesen und verbessert, bis der Polizist und der Kasperl das Gefühl hatten, dass sie alles Wichtige gesagt haben. Ich habe meinen Vater mit ganz neuen Augen angeschaut. Und er mich.

♦ Habt ihr so was öfters gemacht?

Nie wieder, leider. Es gab wenig so intensive Momente mit meinem Vater. Aber der Kasperlmoment war ungeheuer wichtig für mich. So wichtig, dass ich mich noch heute genau daran erinnere. Ich weiß noch jedes Detail. Der Geruch seiner Pfeife, das Klappern der Schreibmaschine, der Griff an seine Brille, wenn er sie abnahm, um mir zuzuhören, sein Blick, der mir sagte, dass er alles verstand.

Pierre+Papa

♦ Und was hast du damals über ihn verstanden?

Er hatte für sich die Rolle des Polizisten gewählt. Das war sehr geschickt. Ein Polizist trägt eine Uniform und spielt eine Rolle, aus der er auch nicht rauskann. Mein Vater konnte aus seiner eigenen Rolle nicht ausbrechen, einfach mal nur für die Familie da zu sein, ohne ständig an seinen Beruf zu denken. Das fiel ihm total schwer. Auch wenn er es noch so gerne wollte, es war nicht in seinem Charakter angelegt. Mein Vater ist nun schon so lange tot, aber immer wieder denke ich an diesen Nachmittag zurück. Es war seine Form, mir seine absolute Liebe zu zeigen. Und das hat mich stark gemacht beim Erwachsenwerden.

♦ Konnte dir dein Papa nicht zeigen, dass er dich mochte?

Doch, irgendwie schon. Mein Vater stand hinter mir. Egal, was ich anstellte, er war auf meiner Seite. Als ich eines Tages in der Schule zum Beispiel eine kleine Auseinandersetzung hatte, drückte mich ein Junge so über das Geländer, dass ich auf den Gehsteig flog und dort liegen blieb.

♦ Eine »kleine Auseinandersetzung« – das kenne ich. Du warst ja sooo brav!

O. k. – ich war an dem Streit nicht ganz unschuldig, aber das interessierte meinen Vater nicht die Bohne. Er regte sich furchtbar auf, machte in der Schule ein richtiges Fass auf und schrieb sofort einen Brief an den Direktor mit einer Kopie an den Kultusminister. Die sollten mal gefälligst Sorge dafür tragen, dass die Schulwege für seinen Sohn sicher seien. Sofort! Sonst würden sie ihn mal kennen lernen!

♦ Hat das gewirkt?

Aber immer! Der arme Junge bekam einen Arrest, musste sich bei mir entschuldigen, und der große Direktor war ganz kleinlaut. Er versicherte mir mehrmals, dass so etwas nie wieder vorfallen würde. Am Schulausgang wurde ein Posten aufgestellt, mein Vater bekam einen gewundenen Entschuldigungsbrief von der Schulbehörde. Den legte er mir ins Zimmer. Und kein Kind wagte jemals wieder, einen Streit mit mir zu beginnen.

♦ Jetzt habe ich aber Mitleid mit dem Jungen, mit dem du dich damals gekloppt hast …

Sicherlich hatte mein Vater ein bisschen überzogen, aber er hatte mir gezeigt, dass er auf meiner Seite stand. Das war für mich wichtiger als alles andere. Und das Gefühl hat mich nie verlassen. Und du brauchst etwas Starkes im Rücken, wenn du losziehen willst, um die Welt zu erobern …

♦ Papa, wenn es keinen Punkt gibt, ab wo man erwachsen ist, und Erwachsenwerden eine Entwicklung ist, wie lange darf man dann eigentlich Kind bleiben?

Ich hoffe für immer. Ich möchte jeden Tag ein bisschen auch ein Kind sein dürfen. Verspielt! Verschmust! Naiv! Kreativ! He … du lachst! Wir Erwachsenen versuchen alles mit dem Verstand zu zerlegen, ihr Kinder geht ganz direkt und emotional an viele Dinge heran. Da beneide ich dich, Julia, und alle anderen Kinder. Ich spicke mir dann immer was ab. Will mir die kindliche Freude und Neugier erhalten. Auch mein Vorbild Albert Einstein ist neugierig geblieben …

♦ … das ist doch der mit der herausgestreckten Zunge, nicht wahr?

Ja, aber das ist nur einer seiner Vorzüge. Er hat nämlich erstens die Relativitätstheorie entdeckt …

♦ … die was?

… die Relativitätstheorie – Mama soll dir das erklären –, und zweitens spielte er immer mit seiner Eisenbahn, wenn er über wichtige Dinge nachdachte.

♦ Echt? Mit dem hätte ich mich gerne mal unterhalten. Warum packen die anderen Erwachsenen ihre Eisenbahn so schnell weg?

Weil sie doof sind. Nicht alle natürlich. Kinder zum Beispiel malen mit den Fingern, wenn sie Lust und gerade keinen Pinsel zur Hand haben. Die Erwachsenen brauchen erst ein schweineteures Pinselset. Drunter tun sie's nicht, sonst fangen sie erst gar nicht an.

♦ Oder es fällt ihnen nicht mehr ein, dass sie eigentlich malen wollten.

Ich glaube, die Welt der Erwachsenen ist nur deshalb so abgestumpft und monoton, weil viele es nicht gelernt haben, all die wundervollen kindlichen Erfahrungen mit in die Erwachsenenwelt zu nehmen.

♦ Dann mache ich´s doch einfach so: Ich werde möglichst schnell 18 und bleibe möglichst lange Kind. Gebongt, Papa?

Punktlandung. Du darfst mir die Zunge rausstrecken, bis du 65 bist.

5. EINEN BERUF FINDEN

**Es ist ganz egal, was du tust,
wenn du es nur mit Spaß machst**

Hast du dir schon Gedanken gemacht, welchen Beruf du einmal haben willst?

♦ Klar – ich werde Kinderärztin. Das weiß ich seit zehn Jahren. Ich möchte nämlich Menschen helfen, besonders Kindern. Ich finde es nämlich schlimm, wie es vielen Kindern auf der Erde geht. Aber berühmt will ich auch werden. Wie wird man eigentlich am schnellsten berühmt?

Tolle Kombi! Ich kenne bloß keine berühmten Kinderärztinnen. Aber das kann sich mit dir ja noch ändern. Warum willst du denn berühmt werden?

♦ Das wollen doch alle. Du bist es doch schließlich auch.

Oh, Julia – berühmt zu sein, war für mich nicht immer ganz einfach. Das hat nämlich ganz schön viele Nachteile, wenn dich jeder kennt und dir jeder hinterherruft.

Richtig. Als ich vierzehn war, spielte ich in »Der Kommissar«
eine Hauptrolle. Damals gab es nur zwei Fernsehsender; wenn
du auf dem Bildschirm warst, sahen das über 30 Millionen Menschen. Als ich am nächsten Tag auf dem Weg zur Schule in den
Bus stieg, war die Hölle los. Die Leute schrien: He, guckt mal –
das ist doch der vom Fernsehen! Sie haben mich angeglotzt und
angefasst. Ich bin knallrot geworden und an der nächsten Hal-
testelle wieder ausgestiegen. Über eine Woche bin ich nicht in
die Schule gegangen.

♦ Du konntest mit dem plötzlichen Ruhm überhaupt nicht umgehen?

Stell dir vor: In der Schule war ich ab da immer etwas Besonderes. Alles, was ich machte, war nun besonders toll oder besonders schlecht. Ich konnte nicht mehr zum Fußball, nicht mehr

zum Plattenkaufen. Ich war kein Kind mehr, sondern ein Promi. Wenn dich keiner kennt, bedeutet das auch, einen gewissen Schutz zu haben.

◆ Trotzdem – ich will auch berühmt werden. Du tust nur so, als sei das so was Schlimmes. Ich wette, dir sind doch alle Mädchen nachgelaufen – oder?

Ja, aber ich wusste nicht, ob sie wirklich mich meinten oder den bekannten Schauspieler. Wäre ich ein Nobody gewesen, hätten sie mich dann auch angeschaut? Hätten sie dann auch mit mir gehen wollen?

◆ Du meinst, die hätten dich total links liegen lassen?

Ich hab so den Verdacht … Ich war mir jedenfalls nicht wirklich sicher. Sie wollten vielleicht nur durch meine Berühmtheit selber im Rampenlicht stehen. Und so war es leider sehr oft. Ich wurde misstrauisch und war nicht mehr so offen. Trotz der vielen Mädchen fühlte ich mich sehr einsam.

◆ Das verstehe ich nicht. Du wurdest doch bewundert und hattest ganz viele Freunde.

Ja klar, aber ich wollte einfach wie alle anderen Jugendlichen sein, wollte rumblödeln, Fehler machen, auf die Pauke hauen. Aber das ging nicht mehr. Ich gehörte zu keiner Clique mehr, war plötzlich ein Außenseiter. War ich mal in einer Clique, wollten alle, dass ich sofort die Führung übernehme. Und alles nur, weil ich vor der Kamera stand und halb Deutschland mich gesehen hat.

♦ Bei uns in der Schule wollen alle gerne die Kings sein. Manchmal habe ich das Gefühl, jeder will der Beste, der Stärkste und der Coolste sein ...

Das macht auch Spaß, aber nicht immer. Und vor allem nicht für jeden. Es gibt so geborene Leithammel und solche, für die passt das gar nicht. Sie sind geborene Helfer oder geborene Freunde. Und so ging mir das auch: Ich wollte nicht immer nur der Ober-affe und Vorturner sein, ich wollte einfach nur mitspielen und nicht immer von allen begafft werden wie ein Tier im Zoo.

♦ Das könnte ich ja überhaupt nicht abhaben. Dann bist du also nicht gerne berühmt?

Oh doch, jetzt ja. Aber ich habe einen langen Weg hinter mir. Ich musste erst lernen, damit umzugehen. Und ich habe euch. Mit Mama und dir ist das Leben wundervoll, weil ich bei euch auch ganz privat sein kann. Aber ohne meine kleine Familie wäre ich wohl ziemlich verloren. Meine eigentliche Berufung hätte ich ohne euch wohl nie gefunden.

♦ »Berufung« – ist das eigentlich was anderes als »Beruf«?

Viele Leute denken, das sei was anderes. Und dann machen sie einen Job, in dem sie sich zu Tode langweilen und heimlich da-von träumen, was sie mal machen würden, wenn sie nur dürf-ten. Buchhalter träumen davon, Segellehrer zu werden. Und Segellehrer träumen davon, einen sicheren Job als Buchhalter zu haben.

♦ Das ist doch Quatsch. Die sollen doch das Ding machen, von dem sie träumen!

Das ist nicht immer einfach. Das Beste ist wirklich, wenn man beides miteinander verbinden kann. Wenn man das tut, woran man die meiste Freude hat und wo man die größten Fähigkeiten besitzt. Dann kann man Arbeit bis zur Halskrause haben, aber man empfindet es gar nicht als Arbeit. Man tut ja das, was man am liebsten tut.

♦ So wie es dir mit dem Schreiben geht?

Genau. Deswegen schreibe ich auch manchmal bis spät in die Nacht. Ich bin erfüllt von dem, was ich tue. Und ich bin dabei glücklich.

◆ Das geht nicht vielen so, Papa – ich weiß das von meinen Freundinnen aus der Klasse. Die meisten Eltern – so scheint es mir
– sind in ihrem Beruf nicht glücklich. Die machen es nur, um die
Kohle heranzuschaffen.

Wer nur wegen des Geldes arbeitet, verliert rasch die Lust daran. Er empfindet Arbeit als Last. Er stöhnt …

◆ Er wird krank …

Richtig. Er verbraucht sich daran. Er fühlt sich oft ausgebeutet,
ungeliebt und wird mit der Zeit selber lieblos und unruhig. Und
natürlich glaubt er, dass er zu wenig verdient, für die »schwe-
re« Arbeit, die er leistet. Aber wenn man das tut, wozu man
sich berufen fühlt, ist die Arbeit nie schwer, obwohl man gerade dann meist mehr arbeitet als alle anderen. Es geht einem
locker von der Hand.

◆ So stelle ich mir das auch vor: Man steht morgens auf und freut
sich, dass man wieder an die Arbeit gehen kann. Aber manchmal
muss man doch auch arbeiten, auch wenn man sich nicht darauf
freut, weil man sonst nichts mehr zu essen hat. Und es gibt ja auch
Jobs, die sind nicht so prickelnd – Müllmann zum Beispiel …

Das stimmt, aber man soll immer den Sinn in seiner Arbeit suchen und sie dann mit Freude verrichten. Ein Job kann hart
und schmutzig sein, aber er darf niemals sinnlos sein! Wenn
man etwas Gutes für die Gemeinschaft tun kann, dann macht
es auch Spaß, Geld zu verdienen. Man gibt etwas und bekommt
etwas zurück. Dabei ist es ganz unwichtig, was du tust. Solange
man es für andere tut, wird man Freude dabei empfinden. Die

Arbeit ist nicht nutzlos, man wird gebraucht, man gibt dem Leben einen Sinn durch seinen Beruf.

◆ Papa, hast du eigentlich Vorbilder?

Ich habe immer wieder Vorbilder.

◆ Was heißt immer wieder?

Als ich zum Beispiel in deinem Alter war, oder ein bisschen älter, da waren die Beatles meine Vorbilder. Und Bob Dylan. Ich habe mir deswegen damals sogar eine Gitarre gekauft und Musik gemacht.

◆ Bist du auch aufgetreten?

Ich hatte sogar eine Band, wie alle coolen Jungs damals. Wir haben in Freizeitheimen gespielt.

◆ Das heißt, deine Vorbilder haben dich zur Musik gebracht.

Ich habe Stücke nachgespielt und selber neue komponiert. Ich begann also durch sie, meine Kreativität zu leben. Aber nicht nur das. Die Beatles vertraten damals auch ein Stück Freiheit und Rebellion gegen die Generation der Eltern mit dem ganzen eingefahrenen, angepassten Zeug. Sie waren anders als alles, was vorher da war. Sie hatten lange Haare, eine eigene Musik und eine eigene Meinung. Durch sie lernte ich, dass Jugendliche eine ganz eigene kraftvolle Form haben konnten, sich auszudrücken, und damit sogar erfolgreich sein konnten.

◆ Sie waren so, wie du gern sein wolltest?

Ich glaube nicht, dass ich ein Beatle sein wollte. Wenn man gerne jemand anderer sein möchte, fühlt man sich wahrscheinlich eher minderwertig und ist nicht zufrieden mit dem Status, in dem man sich gerade befindet. Oder willst du echt mit Britney Spears tauschen?

◆ Hmm ... Ich überlege grad mal ...

Das ist, glaube ich, der Unterschied zwischen einem Idol und einem Vorbild. Idole produzieren Fanclubs. Fans wollen ihre Idole immer nur kopieren. Aber mit echten Vorbildern willst du nicht tauschen; sie inspirieren dich. Sie helfen dir durch ihr Beispiel und sagen dir, dass es möglich ist, Dinge in deinem Leben zu verändern. Sie bringen dich auf neue Ideen, die du dann für dich weiterverfolgst.

◆ Hast du darum so viele Bilder von Leuten über deinem Schreibtisch hängen?

Klar. Ich schau immer wieder mal drauf. Sie geben mir einen
kleinen Kick: Los, mach was! Vorbilder bringen eine Richtung
in dein Leben. Das Tolle an den Beatles damals war, dass sie
selbst niemand kopierten. Sie fanden ihren eigenen Weg. Und
den habe ich auch gesucht. Genau genommen war es gar nicht
mal die Musik, was wir bei den Beatles fanden. Sie gaben uns
Jugendlichen plötzlich eine eigene Sprache und ein eigenes
Selbstwertgefühl – das war es wohl.

◆ Und warum wechseln Vorbilder?

Weil man sich selber auch verändert und damit auch die eigenen Ziele. Die Beatles standen für eine gewisse Zeit und waren
damals sehr wichtig für mich. Gandhi war für einige Zeit so
etwas wie ein Vorbild, der gerade durch seine Gewaltlosigkeit
eine ganze Nation in die Freiheit führte, und ich lernte ganz
viel darüber, wie man ohne Gewalt trotzdem seine Meinung
vertreten kann. Hast du denn ein Vorbild?

◆ Also, da müsste ich mal länger drüber nachdenken. So richtig
habe ich noch kein Vorbild – auch wenn es schön wäre, eins zu
haben.

Es ist gut, wenn ein Vorbild nicht zu hoch oben steht, sondern
in der Nähe lebt und erreichbar ist. Was nützt es mir, Vorbilder
zu haben, die so weit entfernt sind, dass ich mich klein und
minderwertig fühle, weil ich sie nie erreichen kann.

♦ Das ist, wie wenn ich mir sagen würde: Ich werde wie Mutter Teresa.

Genau. Mutter Teresa war ein Vorbild für viele, weil sie alles aufgab und sich völlig selbstlos für andere eingesetzt hat. Ich fand das zwar auch bemerkenswert, aber da so ein Leben für mich nie infrage kam, konnte ich mir ihr Leben auch nicht als Vorbild nehmen. Das ist wie mit den Zielen im Leben. Sie sollten realistisch sein, dann kann man auch alles erreichen, und dabei kann einem ein Vorbild sehr helfen.

♦ Hattest du auch mehrere Vorbilder gleichzeitig?

Das ist sogar sehr gut, mehrere zu haben. Dann bestimmt nicht ein einziger Mensch dein Leben, und du kannst dir von jedem das herausziehen, was du für deine Entwicklung gerade benötigst.

♦ Auf was schaust du denn, wenn du dir deine Vorbilder betrachtest?

Lach nicht: auf alles! Wenn einer nur gut geigen kann, dann ist er noch lange kein Vorbild für mich. Wenn einer aber, wie Yehudi Menuhin, einer der besten Geiger der Welt und gleichzeitig noch ein hervorragender Lehrer, ein weiser Mann und ein Kämpfer für eine friedvolle und gerechte Welt ist – dann ist er ein Vorbild. Er hat seine Kunst mit seinem Leben in Einklang gebracht. Es gibt leider ganz viele wundervolle Künstler, die sehr auf Kosten anderer gelebt haben und leben. Picasso zum Beispiel. Er malte das berühmte Friedensbild Guernica – und im Hintergrund ließ er drei Frauen einen Streit austragen, wem denn sein Herz gehörte.

6. ABSCHIED
UND NEUE BINDUNG

Aber ihr lasst euch nicht irgendwann mal scheiden?

♦ Papa, hört die Liebe irgendwann auf, und wo geht sie dann hin?

Kann Liebe überhaupt aufhören? So eine richtige Liebe ...

♦ Sonst würden sich doch nicht so viele Eltern trennen. Wenn du wüsstest, wie viele Kinder in meiner Klasse geschiedene Eltern haben!

Vielleicht war die Liebe nicht stark genug oder nie richtig vorhanden. Sehr oft kommen Paare zusammen, ohne sich vorher wirklich genauer kennen gelernt zu haben. Wenn sich Partner trennen, heißt das oft nicht, dass einer Recht hat und der andere nicht, sondern dass man viel zu unterschiedlich ist.

♦ Und du und Mama, ihr habt euch genau angesehen?

Ja, sehr genau. Mama und ich hatten davor auch schon andere Partnerschaften, die immer wieder in die Brüche gingen. Wir wussten also, was wir nicht mehr wollten. Deswegen haben wir uns Zeit gelassen, uns genau kennen zu lernen.

♦ Ich denke, ihr habt euch nicht gesehen, sondern nur telefoniert.

Das stimmt, aber wir haben uns seelisch sehr genau angesehen. Wir haben uns am Telefon alles gesagt, uns gegenseitig
ganz tief befragt. Wir hatten keine Geheimnisse. Und erst, als
es so viele Übereinstimmungen gab und wir uns so vertraut
waren, dass wir beide wussten, wir könnten zusammengehören, haben wir uns getroffen und uns körperlich aufeinander
eingelassen.

♦ Du kanntest Mama wirklich nicht?

Nein. Ich hatte Mama nur einmal bei einem größeren Abendessen gesehen und ihr meine Nummer gegeben. Als sie drei Wochen später anrief, wusste ich gar nicht mehr so genau, wie sie aussieht. Aber wir haben uns am Telefon sofort gut verstanden. Da gab es so etwas wie einen magischen Klick. Wir haben gleich vier Stunden telefoniert und am nächsten Tag sieben Stunden.

♦ Das ging aber auf die Telefonrechnung!

Aber hallo! Wir haben das ein paar Wochen lang so gemacht. Jeden Tag, jede Nacht – sieben Stunden. Wir konnten uns nicht sehen, da ich jeden Abend in Berlin Theater gespielt habe und Mama in Bonn.

♦ Und dann habt ihr am Telefon gesagt, dass ihr heiraten wollt?

Sie war mir so nah und vertraut; sie dachte wie ich; sie sah die Welt mit den gleichen Augen; ihr waren die gleichen Dinge wichtig. Ihr Charakter war ganz ähnlich wie meiner. Ich wusste einfach, dass wir zusammengehören.

♦ Aber es heißt doch immer, Gegensätze ziehen sich an.

Ja, aber nur anfangs. Weil man fasziniert von dem ist, was man selber nicht kann oder besitzt. Aber nach kurzer Zeit steckt genau in den Gegensätzen das größte Streitpotenzial. Stell dir nur mal vor, der eine möchte immer ausgehen und der andere lieber zu Hause bleiben. Dann muss immer einer Kompromisse machen. Egal was man macht, einer ist immer unzufrieden.

♦ Oder einer will immer reisen oder surfen oder bergsteigen und der andere nicht.

In einer Beziehung erlebt man genügend andere Überraschungen, da ist es schon gut, wenn man in den wesentlichen Dingen zusammenpasst.

♦ Hattet ihr auch mal vor, euch zu trennen?

Nein. Mama und ich haben unsere Beziehung nie infrage gestellt. Wir hatten auch unsere Krisen, aber wir wussten immer, dass wir zusammengehören.

♦ Was denn für Krisen?

Mama und ich, wir sind zwei sehr starke Persönlichkeiten, da kracht es auch manchmal.

♦ Kann das sein, dass ich das schon bemerkt habe?

Streit heißt nicht unbedingt, dass man sich nicht mehr versteht, sondern kann auch zeigen, dass man am anderen interessiert ist. Wenn eine Ehe kaputt ist, streiten Mann und Frau nicht mehr miteinander. Da ist es kalt. Man geht sich aus dem Weg. Wenn man sich liebt, ringt man heiß miteinander, um das Gemeinsame wieder zu fühlen. Reibung erzeugt Wärme.

♦ Das kenn ich aus der Physik. Das heißt ja, eine gute Beziehung braucht sogar Streit?

Du und ich, wir streiten doch auch manchmal, aber es schadet

unserer Liebe nicht. Man sollte einfach nur immer darauf achten, den anderen dabei nicht zu verletzen.

♦ Wenn der Streit aber so groß wird, dass man sich trennen will, warum denken Erwachsene, wir Kinder kriegen davon nichts mit?

Weil sie wahrscheinlich denken, Kinder verstehen das sowieso nicht.

♦ Das ist ein großer Irrtum. Ich zum Beispiel kriege auch alles mit und kann es mir im Gegensatz zu euch auch gut merken.

Oft spüren die Kinder, dass die Eltern sich trennen wollen, viel früher, als Erwachsene glauben, und können dadurch sehr verunsichert werden.

♦ Ja, das stimmt. Meine Freundin hat regelrecht Albträume. Ihre Eltern wollen sich auch trennen, und sie weiß nicht, ob sie im Haus bleiben kann und ob sie dann noch in der Schule bleiben darf oder nicht.

Reden die Eltern mit ihr darüber?

♦ Oh nein, sie darf das doch nicht wissen. Aber sie weiß es trotzdem schon so lange. Warum sprechen die Eltern nicht mit ihr darüber?

Schwer zu sagen. Vielleicht, weil sie sie vor etwas beschützen oder bewahren wollen, was natürlich Quatsch ist. Viel schlimmer ist diese Atmosphäre, in der keiner redet. Das zerreißt ein Kind innerlich. In meiner eigenen Kindheit war das auch so.

♦ Wie alt warst du, als sich deine Eltern haben scheiden lassen?

Elf. Ich dachte, eine Welt bricht für mich zusammen. Ich bin mit meiner Mutter in eine andere Stadt gezogen und habe meinen Vater nur noch selten gesehen. Schlimm! Aber noch schlimmer war die Zeit davor. Als es nur Krieg zu Hause gab. Keiner hat mit mir darüber gesprochen. Ständig wartete ich auf die definitive Katastrophe.

♦ Hattest du Angst?

Oh ja, sehr große sogar, wenn ich das auch damals natürlich nie zugegeben hätte. Aber ich wusste nicht, wie ein Leben ohne meinen Vater überhaupt weitergehen sollte. Ich hatte doch beide lieb. Sehr oft hatte ich mir auch vorgestellt, wie das ist, wenn ich tot wäre. Dann würden beide Eltern an meinem Grab stehen und ganz viel weinen und sich vielleicht wieder versöhnen. Ich habe mir damals jedenfalls auch die gleiche Frage gestellt wie du.

♦ Welche meinst du denn?

Wo geht die Liebe hin? Warum wollen zwei Menschen, die sich einmal geliebt und sich ewige Treue geschworen hatten, plötzlich nicht mehr zusammenbleiben? Obwohl sie zwei Kinder hatten, die sich nichts sehnlicher wünschten. In meinen Augen gehörten sie zusammen, aber nicht in ihren. Ich konnte das alles nicht verstehen. Was war geschehen, dass die Liebe von einst sich so gewandelt hatte, dass sie nicht einen Tag länger zusammen verbringen wollten?

♦ Hat niemand mit dir darüber geredet?

Erst als klar war, dass sie sich trennen und wir von zu Hause wegziehen müssen. Aber die ganze Zeit davor, als alles so schlimm war, hatten sie wohl geglaubt, ich bekomme es nicht mit oder würde es nicht verstehen. Genau wie deine Freundin hatte ich diese unglaublichen Albträume.

♦ Armer Papa. Aber ihr lasst euch nicht irgendwann mal scheiden, oder?

Ich habe Mama gefunden. Ich suche nicht mehr. Und Mama hat mich gefunden. Sie sucht auch nicht mehr. Niemand von uns beiden – weder Mama noch ich – kann sich eine Scheidung vorstellen.

♦ Ich glaub, das würde ich auch nicht packen, wenn ihr beiden …

Schau, Julia: Ich denke einfach jeden Tag daran, was für ein wunderbares Geschenk ihr beide für mein Leben seid. Und du weißt doch, kostbare Geschenke behandelt man immer sehr gut. Auf diese Weise kann ich euch meine ganze Liebe und Achtung schenken. Ich glaube, das ist der beste Garant für eine lange, tiefe Liebe.

7. ZOFF

Erwachsene sind eben auch nur Menschen

♦ Papa, das ist doch ungerecht. Erwachsene dürfen einen anschrei-
en, Kinder nicht; Erwachsene dürfen einen bestrafen, Kinder
nicht. Sie dürfen einen ablehnen, blöde Witze machen, schlecht
über einen reden. Kinder dürfen das alles nicht. Ist das vielleicht
gerecht?

Nein, das ist extrem ungerecht. Da stimme ich dir voll und
ganz zu. Ich finde, wenn ein Erwachsener schreit, sollte das
Kind auch das Recht haben zu schreien. Warum sollte man von
einem Kind erwarten, dass es sich unter Kontrolle hat, wenn es
der Erwachsene selber nicht kann?

♦ Aber warum gehen manche Eltern überhaupt mit ihren Kindern
so schlecht um?

Das ist leider in manchen Familien so. Da sind die Eltern mit
den Bedürfnissen ihrer Kinder überfordert oder sie wollten keine Kinder und versuchen sie nun immer wegzuschieben.

♦ Manche Eltern schlagen sogar ihre Kinder.

Hast du das schon mal mitbekommen?

♦ Ich weiß es von einer Freundin von mir, die hat total Angst vor ihrem Vater.

Das ist ziemlich furchtbar. Das zeigt, dass bei den Eltern vieles im Argen liegt.

♦ Kinder können sich doch nicht wehren.

Es ist sogar so, dass diese Kinder glauben, diese Art der Behandlung sei normal und sie wären sogar selbst schuld daran. Sie lieben ihre Eltern über alles und wollen ihre Aufmerksamkeit. Erst später, wenn sie verstehen, was da ablief, schlägt die Ohnmacht in Aggression um.

♦ Und dann wundern sich die Eltern, warum das Kind später so böse ist.

Aggression wird mit Aggression beantwortet. Wenn auch mit einer zeitlichen Verzögerung von vielen Jahren. Oft verstehen die Erwachsenen nicht, wieso die eigenen Kinder sich so gegen sie verhalten. Sie erinnern sich einfach nicht mehr daran, was sie ihnen angetan haben. Oft wurden diese Eltern von ihren Eltern genauso erzogen und denken, was ihnen nicht geschadet hat, kann ihren Kindern auch nicht schaden.

♦ Ich würde so etwas nie vergessen.

Das geht auch nicht. So etwas prägt sich für das ganze Leben ein.

◆ All die, die sich über ihre Kinder beklagen, sollten sich fragen, wie sehr sich erst die Kinder über sie beklagen.

Da möchte ich lieber nicht Mäuschen sein.

◆ Was soll ich denn jetzt meiner Freundin sagen?

Das ist ganz schön schwierig. Am besten, du vermittelst ihr, dass es auch andere Familien gibt, die andere Lösungen vorleben, als zu schlagen. Und dass du es genauso als ungerecht empfindest. Dann hat sie schon mal jemand, der zu ihr hält. Und dann kannst du ihr sagen, dass es nichts mit ihr zu tun hat, sondern nur mit dem Verhalten ihrer Eltern. Du kannst deiner Freundin auch sagen, dass sie auch lernen kann, »Nein« zu sagen. Im schlimmsten Fall gibt es ein Sorgentelefon für Kinder.

◆ Manche Erwachsene haben einfach keine Ahnung, was sie anrichten.

Ja, sie sind so mit sich und ihren eigenen Problemen beschäftigt, dass sie nicht wissen, was sie tun.

◆ Schlimm finde ich auch, dass manche Eltern überhaupt keine Zeit für ihre Kinder haben.

Das ist auch schlimm, weil das Kind sich so abgelehnt vorkommt.

◆ Aber ich denke mir, wenn Eltern keine Zeit für ihre Kinder haben, dann werden die Kinder irgendwann keine Zeit mehr für sie haben.

Ja – und es gibt da noch etwas, das du auch wissen musst. Oft ist es so, dass Eltern die Entwicklung der Kinder sogar unbewusst behindern oder bremsen, aus Sorge, das Kind zu schnell zu verlieren.

◆ Also bremsen tut ihr nicht! Eigentlich kann ich mit euch ganz zufrieden sein.

Danke. Das buche ich mal als Kompliment ab. Mama und ich – das weißt du – sind ja auch keine Dauer-Engel. Wir schreien mal, rasten auch mal aus, dann gibt es Zoff, dass die Wände wackeln, und dann versöhnen wir uns wieder. Aber ich glaube, es bewegt sich im normalen Rahmen. Und weil du ein Kind bist, bist du ja nicht auch gleich ein Engel der Unschuld …

◆ Ach? Dachte ich mal so …

Süße, du hast es faustdick hinter den Ohren! Pass auf: Selbst die besten Eltern können nicht immer zu jeder Tageszeit alles richtig machen. Ich glaube, Eltern versuchen immer ihr Bestes zu geben, so wie wir. Auch wir versuchen in unserer kleinen family glücklich zu sein und uns gegenseitig Liebe zu schenken. Und wenn es Streit gibt, versuchen wir eine Lösung zu finden, mit der wir alle leben können. Manchmal gelingt uns das und manchmal nicht. Erwachsene sind eben auch nur Menschen.

◆ Und dann müssen die Türen dran glauben?

Musstest du das nun wieder verraten?

◆ Papa, hat dir mal jemand richtig wehgetan?

Meinst du jetzt körperlich?

◆ Ja. Hat dir mal jemand eine gescheuert oder so?

Ah, da gibt es eine tolle Geschichte. Aber es ist mehr eine Geschichte vom liebevollen Umgang miteinander als eine Geschichte von der Gewalt, obwohl ich eine gescheuert bekam,
dass mir heute noch die Wange brennt. Also – es war so: Mit
zwölf Jahren drehte ich den Film »Lausbubengeschichten«. In

einer Szene musste mir der Schauspieler Beppo Brehm eine Ohrfeige geben. Er hatte riesige, gefährliche Hände. Pranken wie
zwei Schaufeln. Und eine davon sollte in meinem Gesicht landen.

◆ Da hast du dir wohl ganz schön in die Hosen gemacht?

Und wie. Natürlich hatte ich Angst. Aber, du glaubst es nicht,
Beppo Brehm hatte auch Angst. Er war eigentlich ein ganz
sanfter Riese; er wollte mir um alles in der Welt nicht wirklich
wehtun. So mussten wir die Szene immer und immer wiederho-
len, weil sie nicht natürlich aussah. Irgendwann nahm er mich
beiseite und gab mir ein Fünfmarkstück. »Was hältst du davon:
Einmal richtig zuschlagen und dann vorbei für immer«, meinte
er, »ist doch besser als 100-mal tun als ob und noch morgen
dran drehen – oder?« Ich guckte das Fünfmarkstück an und
willigte ein. Ohne den anderen etwas zu sagen, bekam ich die
kräftigste Ohrfeige meines Lebens. Natürlich schossen mir die
Tränen ins Gesicht.

◆ Das hätte ich gern gesehen …

Alle waren begeistert, so eine tolle und berührende Aufnah-
me im Kasten zu haben. Aber der arme Beppo! Was der sich
anhören musste. So ein Brutalo! Und keiner verstand, warum
wir zwei ab da die besten Freunde waren. Er hatte mich nicht
überrumpelt, er hatte mich als Kollegen ernst genommen, hatte mit mir eine Vereinbarung getroffen und war erst, als ich
bereit war, selbst fähig, über sich hinauszuwachsen und mir
wirklich eine zu kleben. Jetzt erinnere ich mich immer an meinen Freund Beppo, wenn ich daran denke, wie Erwachsene und
Kinder achtsam und freundlich miteinander umgehen sollen.

8. KINDERGEDANKEN

**Wir sind kleinere Menschen,
aber wir haben auch Gefühle**

♦ Papa, nur weil Kinder kleiner sind, müssen doch die Gefühle nicht kleiner sein.

Sind sie doch gar nicht.

♦ Aber die Erwachsenen tun ständig so, als wenn es so wäre.

O. k. – dann erzählen wir uns beide einmal eine Geschichte, in der wir ein ganz starkes Gefühl hatten, einverstanden?

♦ Einverstanden. Ich fange an – und erzähle dir eine Sportgeschichte. Die geht so: In der vierten Klasse hatten wir mal ein Rennen. Ich war die Schnellste in der Klasse und musste als Favoritin zuletzt rennen. Ich war so auf Gewinnen konzentriert, so voller Eifer, dass ich wie blind lossprintete. Ich wackelte mit dem Kopf hin und her, und die Haare hingen mir vor den Augen. Ich lief wie besessen, immer weiter – und dann donnerte ich mit dem Gesicht gegen die Zielstange. Das war ein Gefühl! Der Schmerz war nicht alles. Das schlimmste Gefühl war, dass alle an mir vorbeiliefen und gewannen.

Eine starke Geschichte! Aber meine ist auch nicht schlecht.

Pass auf: Als ich meinen Mopedführerschein machte, drehte
ich zur gleichen Zeit den Kinofilm »Hurra, die Schule brennt«.
Am Morgen der bestandenen Prüfung mussten das ganze Team
und alle Schauspieler auf mich warten, und als ich endlich ein-
traf, sahen mich alle mit großen erwartungsvollen Augen an.
Ich nickte strahlend! Jubel brach los. Peter Alexander sang ein
Ständchen für mich und tanzte mit Heintje ein paar Runden in
der Filmkulisse. Das fand ich echt cool. Meine Mutter musste
das neue Zündapp-Moped beim Händler abholen, und als ich
vom Drehen kam, stand sie völlig durchnässt im Freien und
wartete auf mich. Ich wollte sie natürlich gleich mitnehmen.

♦ Deine arme Mutter, hinten drauf?

Nicht sofort. Sie fuhr mit dem Taxi nach Hause, trank erst mal zwei Cognac und fuhr dann mit mir nach Grünwald und zurück. Na ja, und weil es so gut ging, fuhr ich etwas schneller. Und dann noch ein bisschen schneller. Und plötzlich war eine Ampel auf Rot. Ich stieg in die Eisen, wir rutschten und schlingerten, meine Mutter klammerte, ich hatte riesige Angst, und im letzten Moment fing ich die Maschine ab. Mein Herz war irgendwo da unten bei den Schnürsenkeln.

♦ Das nenne ich ein Gefühl!

Mir zitterten die Flanken! Das wahre Gefühl hatte aber wohl meine Mutter. Ihr gegenüber gab ich mich ganz souverän. Alles eingeplant – und so. Alles im grünen Bereich. So nach dem Motto: Was hast du denn? Seltsam – sie ist nie wieder mit mir gefahren.

♦ Weißt du, was ich glaube, Papa? Zwischen Erwachsenen und Kindern ist gar kein Unterschied in den Gefühlen und Sorgen. Aber trotzdem nehmen die Erwachsenen unsere Sorgen nicht ernst. Dauernd wird gesagt, wenn du erst mal groß bist, sind solche Sorgen ganz klein.

Dann müsste man zu den Erwachsenen wohl sagen: Wenn du erst mal in Rente bist, ist alles wieder gut. Aber natürlich ist das genauso ein Blödsinn, denn Gefühle sind immer so groß, wie man sie fühlt. Auch wenn die Ursache manchmal ganz unwichtig ist.

♦ Dann sind die Gefühle der Kinder nicht weniger wert als die der Erwachsenen?

Auf keinen Fall. Die Ursache mag groß oder klein, richtig oder falsch sein, das Gefühl kann trotzdem gewaltig sein. Dem Gefühl ist es auch ganz egal, ob es zu einem Erwachsenen oder einem Kind kommt. Trauer ist Trauer und Wut ist Wut. Und wenn man wütend ist, dann möchte man Türen knallen.

♦ Oh ja, das stimmt. Nur unsere Türen springen immer wieder auf, wenn man sie zu fest zuknallt.

Das ist doch gut, dann kann man sie gleich noch mal zuwerfen.

♦ Nein, das macht mich meistens noch wütender.

Das kenne ich, schließlich will man nach einem Krach einen guten Abgang haben, und wenn der misslingt, schaut man ziemlich dumm aus der Wäsche. Wut zu zeigen ist jedenfalls genauso wichtig wie Lachen und Weinen.

♦ Aber warum darf man dann trotzdem nicht wütend sein?

Weil Menschen mit Wut nicht umgehen können. Aber wenn man die Wut unterdrückt, dann wandelt sie sich in Ohnmacht und bricht irgendwann einmal völlig unkontrolliert hervor. Das ist viel gefährlicher. Außerdem, wenn die Wut in uns bleibt, fühlt sich das nicht besonders gut an.

◆ Bist du als Kind auch mal richtig wütend geworden?

Natürlich. Immer wieder.

◆ Wann denn zum Beispiel?

Lass mich überlegen ... Oh ja, als ich zwölf Jahre alt war, musste ich ins Krankenhaus und bekam den Blinddarm operiert. Und das bedeutete, ich bekam nach der Operation einige Tage nichts zu essen. Ich hatte einen Kohldampf, aber ich bekam nichts. Dann endlich sagte mir die Krankenschwester, morgen bekäme ich einen Einlauf. Ich habe mich gefreut wie nur irgendwas. Das Wasser ist mir im Mund zusammengelaufen. Das war doch mein Lieblingsessen. Aber, was soll ich dir sagen, am nächsten Tag kam sie mit so einem riesigen Klistier, weil Einlauf bedeutet: Wasser in den Po, damit man wieder aufs Klo gehen kann. Und ich hatte es mit Eintopf verwechselt. Ich war so wütend und durfte es nicht zeigen. Und alle haben gelacht, das hat mich noch wütender gemacht. Ich finde, man sollte seine Wut ruhig zeigen, das ist völlig normal.

◆ (schmunzelnd) Wenn ich das nächste Mal wütend bin und Türen knalle, dann werde ich dich daran erinnern, dass das ganz normal ist.

Ich habe nicht gesagt, dass ich besonders gut damit umgehen kann. Meistens lässt man sich nämlich von den Gefühlen anderer anstecken, ohne es zu merken. Ist jemand wütend und schreit einen an, wird man selber ziemlich schnell zornig, obwohl man es vorher gar nicht war.

♦ Und wenn jemand lacht und nicht mehr aufhören kann, muss man meistens auch mitlachen.

Genau so funktionieren Gefühle. Sie stecken an, egal ob positiv oder negativ. Deswegen streiten plötzlich zwei Menschen aus heiterem Himmel oder sie lachen sich kaputt, obwohl sie vorher ganz anders drauf waren. Wenn man das weiß, kann man das auch ganz bewusst einsetzen und schlechte Laune einfach durch eigene gute Laune ersetzen.

♦ (mit einem unverschämt grinsenden Seitenblick) Schlechte Laune ist also ansteckend?

Oh ja, aber gute Laune auch. Stell dir nur vor, zwei streiten und einer fängt furchtbar an zu lachen, weil man sich über so eine Kleinigkeit in die Haare bekommen hat, obwohl man sich so lieb hat.

◆ Dann wird der Streit wohl zu Ende sein, und die werden sich wieder in die Arme nehmen.

Ich erzähle dir mal eine ganz erstaunliche Geschichte. Ich bin doch gestern von Köln nach München geflogen, und wir hatten ziemlich viel Verspätung. Als wir bereits im Flieger saßen, mussten wir alle noch mal aussteigen, um unser Gepäck zu identifizieren. Neben mir saß ein Mann, der hat geschimpft und geflucht, war ungeheuer aggressiv. Das machte mich nun wiederum wütend, und ich überlegte schon, mich woandershin zu setzen. Aber der Flieger war voll. Da fiel mir ein, dass das mit den Gefühlen doch auch andersrum geht, und ich habe versucht, ganz ruhig zu werden. Als wir frierend beim Gepäck draußen standen, habe ich ihn zur Seite genommen und ganz lieb mit ihm gesprochen. Ich habe gesagt, ich will mich ja nicht in Ihren Ärger einmischen und Sie haben auch bestimmt allen Grund dazu. Aber wenn man etwas nicht ändern kann, ist es reine Energieverschwendung, sich darüber zu ärgern. Und für uns alle macht es den Flug auch nicht angenehmer. Wenn Sie es aber ändern können und eine Idee haben, wie wir den Flieger schneller in die Luft kriegen, dann lassen Sie es mich wissen, dann machen wir gemeinsame Sache. Den ganzen Flug über war er der ruhigste und höflichste Mann an Bord. Und als wir ausstiegen, fasste er mich an der Schulter und sagte: Mann, Sie haben Recht!

◆ Wie ich mich kenne, werde ich dann auch eher wütend. Mir ist das lieber, wenn einer seine Gefühle zeigt, als wenn er alles in sich hineinfrisst.

Ich glaube, die Wahrheit ist, dass die Erwachsenen ganz schön viele Gefühle haben, auch über ganz unwichtige Dinge, aber weil sie von klein auf zu hören bekommen haben, dass man sich zusammenreißen muss und Gefühle zu zeigen dämlich ist, schämen sie sich dafür, setzen eine besonders coole Miene auf und tun auf »Das-kann-doch-einen-Seemann-nicht-erschüttern«.

♦ Aber die Gefühle sind doch da. Bei Kindern wie Erwachsenen.

Natürlich. Wenn wir verraten oder betrogen oder übergangen werden, sind wir genauso verzweifelt oder wütend. Manchmal können wir nicht schlafen, weil sich immer alles um den gleichen Gedanken dreht, den wir nicht loslassen wollen.

♦ Manchmal rede ich die ganze Nacht mit einer Person. Obwohl sie gar nicht da ist. Manchmal ist mein Körper viel zu klein für meine ganzen Gefühle.

Erwachsenen geht es genauso, nur haben sie gelernt …

♦ … besser damit umzugehen?

… sie nicht zu zeigen. Aber trotzdem haben sie diese Gefühle. Nur, was machen sie jetzt damit? Wenn sie sie nicht zeigen dürfen? Sie versuchen sie einfach zu unterdrücken. Also lernen sie …

♦ … einfach alles zu schlucken?

Ja, aber wo sollen jetzt die ganzen Gefühle hin, wenn man sie geschluckt hat? Man versteckt seine wahren Gefühle hinter einer Maske von Ausgeglichenheit und scheinbarer Ruhe, bis man all die »geschluckten« Gefühle nicht mehr kontrollieren kann. Meist lässt man dann seine Wut und Ungeduld an denen aus, die gar nichts dafür können, und oft sind es die Kinder, weil sie sich am wenigsten wehren können.

♦ Ganz schön ungerecht.

Manchmal ist es aber auch ganz schön schwierig, erwachsen zu sein. Man trägt Verantwortung und muss sich so verhalten, wie man es von einem Erwachsenen erwartet, und da gibt es manchmal sogar gute Gründe, seine wahren Gefühle dem Kind nicht zu zeigen.

♦ Welche denn?

Eltern wollen ihren Kindern ein sicheres Gefühl geben. Ein Zuhause. Sie sollen sich geborgen fühlen. Also erzählt man nicht alles, was einen plagt. Manchmal wäre es natürlich besser, den Kindern wenigstens ein bisschen zu erzählen. Kinder spüren sehr schnell, dass etwas nicht in Ordnung ist. Sie wissen aber nicht, ob das etwas mit ihnen zu tun hat, und so fühlen sie sich verunsichert.

♦ Warum erzählen sie es dann nicht?

Weil auch Erwachsene oft in einer Zwickmühle sitzen. Stell dir vor, ich würde dauernd zu dir kommen und sagen, wie schwer es ist, Geld zu verdienen, und wie belastend das Leben für mich ist. Was würdest du dann denken?

◆ Dass ich dir helfen muss.

Das finde ich total lieb von dir. Aber ich denke, da gibt es doch einen kleinen Unterschied zwischen Kindern und Erwachsenen. Wir Erwachsenen haben stärkere Schultern als ihr Kinder. Und ihr Kinder habt ein Recht auf Spaß und Vergnügen. Du könntest mir höchstens mal beim Rasenmähen helfen ...

◆ Oh, tut mir Leid – da habe ich ein ganz schlechtes Gefühl dabei ...

9. GEHEIMNISSE UND ANDERE WAHRHEITEN

Wird einem beim Schwindeln schwindelig?

◆ Papa, warum soll man eigentlich nicht schwindeln? Selbst wenn man niemandem schadet?

Weil Schwindeln so ungeheuer anstrengend ist.

◆ Finde ich gar nicht.

Wieso, ständig muss man sich merken, was man gesagt hat. Und weil man natürlich nicht den ganzen eigenen Quatsch behalten kann, verplappert man sich irgendwann, man kommt in Erklärungsnot, stottert rum und steckt in einer Sackgasse, in der man nie sein wollte. Um da rauszukommen, schwindelt man noch mehr, wird mit der Zeit immer lächerlicher und hat natürlich große Angst, der ganze Schwindel könnte eines Tages auffliegen. Beim Schwindeln wird einem manchmal ganz schön schwindelig.

◆ Du scheinst da ja große Erfahrung zu haben.

Ich glaube, jeder macht damit Erfahrung. Wenn ich nicht am eigenen Leib erfahren hätte, wie doof Schwindeln ist, könnte ich ja nicht spüren, wie befreiend es ist, die Wahrheit zu sagen. Das kann ich doch nur, wenn ich den Unterschied kenne.

♦ Aber das ist doch irgendwie ungerecht. Warum soll ich ehrlich sein, wenn es andere mir gegenüber auch nicht sind?

Weil es sich mit der Wahrheit wesentlich besser lebt. Man wird auch viel mehr gemocht. Und noch etwas Interessantes passiert. Wenn du ehrlich und aufrichtig und fair zu anderen bist, sind es die anderen plötzlich auch zu dir. Wenn du sie dagegen anlügst oder ständig anschwindelst, werden die meisten dir auch bald nur noch Märchen erzählen.

♦ Wirklich?

Wenn dich jemand dauernd anschwindelt, was machst du dann?

♦ Na, dann erzähle ich ihm auch Geschichten.

Siehst du, wer viel lügt, wird also belogen. Die Welt ist wie ein Bumerang, das, was du hinauswirfst, kommt immer wieder zurückgeflogen.

♦ Und wenn mich meine besten Freundinnen anschwindeln?

Das ist natürlich doof, aber deswegen muss man nicht so werden wie die anderen. Man kann ihnen die Meinung sagen, und wenn es wirkliche Freunde sind, dann werden sie es sich überlegen, ob sie dich weiter anschwindeln wollen oder nicht.

♦ Es gibt einen Jungen in unserer Klasse, dem glaubt niemand mehr etwas, der erzählt dauernd angeberische Geschichten, wo man nicht weiß, ob die wahr sind oder nicht.

Das ist der große Haken an der Sache: Wenn man sehr oft maßlos übertreibt oder die Unwahrheit sagt, wird einem irgendwann nicht mehr geglaubt. Auch wenn man die Wahrheit sagt. Und das fühlt sich ziemlich doof an. Das ist bei uns Erwachsenen nicht anders. Genau genommen verlieren alle dabei.

♦ Außerdem spricht sich das rum.

Jedenfalls vertraut man ihm nicht mehr. Und das ist eine ziemlich schlimme Strafe. Vertrauen ist nämlich ganz schön wichtig. Ohne Vertrauen gibt es keine Freundschaft.

♦ Stimmt, wenn man sich gegenseitig vertrauen kann, geht es allen dabei richtig gut.

Egal, was passiert, auch wenn man Fehler macht, man weiß, dass man es eigentlich gut meint. Für eine Freundschaft ist Vertrauen etwas sehr Wichtiges. Und vertrauen tut man nur denen, die ehrlich sind. Die Wahrheit ist jedenfalls immer besser. Einmal hat mich die Wahrheit sogar regelrecht gerettet.

♦ Was? Wann denn? Das möchte ich aber jetzt hören.

Es gab einmal einen großen Regisseur, Peter Beauvais, und ich stellte mich bei ihm für eine Hauptrolle vor. Es war ziemlich schnell klar, ich sollte die Rolle bekommen. Aber dann las er in meinem Bewerbungsschreiben, dass ich mit dem Regisseur

Michael Degen am Residenztheater gearbeitet hatte, und er begann unglaublich auf ihn zu schimpfen. Ich aber fand ihn toll, und die Arbeit mit ihm war klasse gewesen. Was sollte ich tun? Die Wahrheit sagen und damit meine schöne Hauptrolle verlieren? Lügen, damit ich alles gewinne?

♦ Und was hast du gemacht?

Ich konnte gar nicht anders. Ich habe gar nicht lange überlegt, da widersprach ich schon heftig. Ich finde den Degen toll, und es war wundervoll, mit ihm zu arbeiten, und er solle gefälligst nicht über Leute reden, die er nicht kennt.

♦ Und dann?

Peter Beauvais verschwand einfach aus dem Raum, und ich saß mit allen anderen verloren im Zimmer herum. Ich hatte es vergeigt, aber das war mir egal. Ich war sogar richtig wütend und packte meine Sachen zusammen. Aber man bedeutete mir, noch ein bisschen zu warten. Und weißt du, was dann geschah?

♦ Ein Wunder?

Peter Beauvais stand plötzlich grinsend in der Tür und hatte Michael Degen im Arm und sagte zu ihm, du hast da jemanden, der dich ganz schön verteidigt.

♦ Das heißt, du hast die Rolle bekommen?

Natürlich. Stell dir vor, die beiden waren die besten Freunde und drehten gerade einen Film zusammen. Ich bekam das Drehbuch in die Hand gedrückt und war engagiert. Hätte ich nicht zu meiner Wahrheit gestanden, hätte ich alles verloren.

♦ Cool. Das war bestimmt ein gutes Gefühl, nicht?

Das beste aller Zeiten.

♦ Aber es gibt doch auch Momente, wo ich nicht die Wahrheit sagen kann. Weil ich sonst jemanden beleidigen oder verletzen würde. Wenn ich jemanden blöde finde zum Beispiel.

Es kommt immer darauf an, wie man es sagt. Jemand die Wahrheit zu verschweigen, kann nämlich auch verletzen. Man sollte sich immer fragen, wenn ich jemandem nicht die Wahrheit sage: Nütze ich ihm da oder schade ich ihm?

♦ Zumindest beleidige ich ihn nicht und er wird nicht sauer.

Ja, aber ich nütze ihm nicht wirklich, ich täusche ihn ja. Und Täuschung ist etwas sehr Trennendes. Der andere erfährt nie, wie ich wirklich über ihn denke. Es ist also oft besser, die Wahrheit zu sagen als so tun als ob. Denn das spüren irgendwie beide. Sie merken, dass etwas nicht stimmt, und sind unzufrieden. Und dann streitet man sich.

♦ Stimmt. Oft streitet man sich über ganz blöde Dinge, obwohl es eigentlich um etwas ganz anderes geht.

Und alles nur, weil man es nicht schafft, über das zu reden, um das es wirklich geht. Natürlich will man niemanden beleidigen oder verletzen oder zurückweisen, aber man will sich auch

nicht selbst verletzen. Aber das tut man, wenn man nicht zu sich selbst und seiner eigenen Meinung steht.

♦ Also lieber sagen, was man meint, als sich ständig verbiegen.

Wenn man sich verbiegen muss, tut das beiden nicht gut.

♦ Aber es gibt doch auch Dinge, die man nicht erzählen kann, Geheimnisse zum Beispiel. Ist man unehrlich, wenn man ein Geheimnis hat?

Ein Geheimnis ist etwas ganz anderes. Geheimnisse sind sehr wichtig, weil man lernt, Dinge für sich zu behalten. Mama und ich zum Beispiel haben ganz viele Sachen, die nur uns etwas angehen. Dann haben wir alle drei als Familie ganz viele Geheimnisse, die nicht nach außen dringen sollen. Unsere Geheimnisse stärken uns, sie geben unserem Zusammenleben Kraft. Wir fühlen uns sicher.

♦ Und Geheimnisse unter Freunden? Die darf doch auch niemand anderer erfahren.

Natürlich nicht. Was man sich im Vertrauen gegenseitig erzählt, davon sollte niemand anderer etwas wissen.

♦ Persönliche Geschichten zum Beispiel. Oder ein Geheimversteck.

Wenn deine Freundin dir etwas erzählt, muss sie sicher gehen können, dass du es für dich behältst.

♦ Hattest du auch Geheimnisse? Also etwas, was deine Mutter nicht wissen durfte.

Wieso auch? Was darf ich denn nicht wissen?

♦ Hattest du nun welche oder nicht?

Na klar.

♦ Was denn zum Beispiel?

Wir hatten ja nicht viel Geld. Also mussten wir unsere Spiele selbst erfinden und bauen. Eine Tischtennisplatte zum Beispiel konnten wir uns nicht leisten. Also haben mein Bruder und ich, kaum dass meine Mutter aus dem Haus war, ihren Schreibtisch leer geräumt, den Küchentisch ins Wohnzimmer getragen und zwischen beiden ein Netz gespannt. Jeder Tisch war dann eine

Seite. In Windeseile war das ganze Wohnzimmer ausgeräumt, und nun konnten wir spielen. Natürlich nur so lange, bis meine Mutter wieder von der Arbeit kam. Da sah alles wieder genauso aus wie vorher. Bis auf so ein paar Kratzspuren, die sie Gott sei Dank nie entdeckt hat.

♦ Aber wenn sie das Buch liest, wird sie es doch erfahren.

Ich glaube, heute schmunzelt sie bestimmt darüber. Immerhin gibt es kein einziges dieser Möbelstücke mehr. Alles Vergangenheit. Aber damals war das ein Geheimnis zwischen meinem Bruder und mir.

♦ Ich hab auch ein paar Geheimnisse. Eins davon funktioniert bis heute.

Welches denn?

♦ (überlegt lange) O. k. Ich verrate dir mal ein kleines Geheimnis, aber nur, wenn du das jetzt nicht zu meinem Nachteil ausnutzt. Hast du als Kind mal mit der Taschenlampe unter dem Bett gelesen?

Natürlich. Ich war doch ein Bücherwurm.

♦ Und wieso haben deine Eltern dich dabei nicht erwischt?

Zuerst habe ich mit meiner kleinen Lampe gelesen und wenn jemand kam, schnell das Licht ausgemacht. Hat aber nichts genützt, denn irgendwann hat mein Vater einfach mit der Hand nachgeprüft, ob die Lampe warm war oder nicht.

♦ Und dann kam die Taschenlampe?

Ja, aber sie hatte einen Nachteil. Unter der Bettdecke habe ich nie gehört, ob jemand kam. Deswegen habe ich mit einer anderen Technik gearbeitet. Mit Taschenlampe, aber über der Bettdecke. Die Tür ein bisschen offen und den Gang dunkel gemacht. Und am Boden habe ich dort ein paar Chips ausgelegt. Wenn sich jemand näherte, musste er dort drauftreten, das knirschte gewaltig. Schnell die Taschenlampe aus und Augen zu.

♦ Hochinteressant.

Du willst doch nicht meinen Trick kopieren?

♦ Brauch ich gar nicht, denn jetzt verrate ich dir mein kleines Geheimnis. Bei uns knarrt doch die Treppe gewaltig. Stufe drei und sieben. Bei Stufe drei das Licht aus, bei Stufe sieben alles unters Kopfkissen, und schon schlafe ich friedlich.

Aber bei Geheimnissen gibt es ein paar Tricks, die man wissen sollte, sonst ist man plötzlich ein Versprechen eingegangen, das man gar nicht haben wollte. Man sollte sich selbst immer drei Fragen stellen. Schadet das Geheimnis jemand anderem? Oder vielleicht sogar mir selbst? Dann ist es kein Geheimnis, das man für sich behalten sollte. Wie fühlt sich das Versprechen an? Wurde es freiwillig gegeben oder erzwungen? Oder ist es aus einer Angst heraus entstanden? Es gibt nämlich auch Geheimnisse, die einen nicht stärken, sondern schwächen. Es gibt auch gefährliche Versprechen. Wenn ein fremder Erwachsener von dir ein Versprechen haben will, vor allem ein heimliches, sollten sich bei allen Kindern alle Ohren aufstellen. Dann musst du es mir sofort sagen. Solche Versprechen fügen meist großen Schaden zu.

10. ERZIEHUNG

Wenn du uns nicht erziehen würdest, Julia!

♦ Papa, warum müsst ihr mich eigentlich erziehen?

Erziehung ist zwecklos, hat mal jemand gesagt, die Kinder machen einem doch alles nach.

♦ (lacht) Also willst du, dass ich mir bei dir nicht so viel abschaue?

Ich will, dass du nur die guten Eigenschaften von mir übernimmst.

♦ (lacht) Das sind aber nicht viele. Dann sind wir mit der Erziehung aber schnell fertig.

(lacht auch) Das ist ja das Furchtbare. Jeder Mensch wurde von Menschen erzogen, die selbst nicht richtig erzogen wurden.

♦ Dann erziehe ich mich also eigentlich selber?

Ich glaube, es ist so. Wir erziehen uns gegenseitig. Alle Menschen, die zusammenleben, erziehen sich. Oder sind ungezogen.

♦ Wirklich? Was hast du denn von mir gelernt?

Ziemlich viel. Willst du das wirklich alles hören? Nicht, dass du vor lauter Stolz nicht mehr schlafen kannst …

♦ Raus mit der Sprache!

Was hab ich alles von dir gelernt? Zunächst einmal Geduld. Dann – mich nicht so wichtig zu nehmen. Blödsinn zu machen. Immer wieder Spaß zu haben. Und natürlich habe ich etwas ganz Erstaunliches von dir gelernt – nämlich bedingungslose Liebe. Einfach da zu sein, so wie du für mich da bist, egal, ob wir nun gerade die besten Freunde sind oder ob wir uns gestritten haben. Durch dich habe ich auch gelernt, selbst wieder Kind zu sein. Zu sehen, wie viel Freude das Leben machen kann, wenn man es verspielt angeht, und wie viel schneller man mit einem Lachen vorankommt.

♦ Das hört sich gut an. Wegen mir kannst du bis morgen so weitermachen.

Durch dich habe ich gelernt, Verantwortung zu übernehmen: Familienvater zu sein, das bin ich erst durch dich geworden.

♦ War das schwer für dich?

Ja und nein. Jetzt bist du ja schon selbstständiger, aber in den ersten Jahren drehte sich alles nur um dich, und das war eine ganz neue Erfahrung. Bis dahin drehte sich nämlich alles nur um mich.

◆ Aber wieso habe ich dich da erzogen?

Als du kamst, war alles anders. Natürlich waren Mama und ich unglaublich glücklich, dass du da warst. Jeden Tag gab es etwas Neues an dir zu entdecken. Jeden Tag hast du etwas Neues gelernt, und wir waren so begeistert und stolz, dass ich den ganzen Tag nur gegrinst habe. Andererseits war ich oft auch völlig überfordert. Ich hatte keine Ahnung, ob ich mit dir alles richtig machte, keiner hat mir beigebracht, wie das so geht mit einem Baby. Ich kam nicht mehr zum Schlafen, war müde in der Arbeit und hatte keine Zeit mehr, mit Michaela zusammen zu sein. Stundenlang habe ich dich auf dem Arm getragen und wusste oft nicht, warum du schreist. Und du konntest laut schreien.

◆ Du hast mich auch im Tuch getragen. Ich sehe das oft auf den Fotos.

Am Anfang ständig. Das hat uns beiden gefallen. Ich habe geschrieben und du hast geschlafen. Aber es war eine große Umstellung für mich. Ich weiß noch, wie ich das erste Mal mit dir im Kinderwagen an der Isar entlangging. Ich war zwar unglaublich stolz, trotzdem war es mir ein bisschen peinlich.

◆ Warum das denn?

Ich war bis dahin ein Rebell. Ein langhaariger, frei denkender Künstler, der sich gegen jede Form von Spießertum auflehnte. Und nun war ich ein ständig grinsender, völlig verliebter Papa. Die Welt war mit einem Schlag anders. Ab nun unterschieden sich die Menschen nur noch in solche, die Kinder hatten, und solche, die keine hatten.

◆ Aber ein Baby zu haben – das ist doch nichts Besonderes!

Da sieht man's mal wieder: Keine Ahnung, die heutige Jugend! Mit einem Baby wird jedes Gespräch ständig unterbrochen, der Blick schweift dauernd umher, ob ja auch alles in Ordnung ist – das können Erwachsene ohne Kinder überhaupt nicht verstehen. Sie wollen, dass man sich ihnen mit voller Aufmerksamkeit widmet. Und sie wollen abends ausgehen und einen draufmachen und nicht mit einem frisch gebackenen, aufgeregten Vater sein Baby in den Schlaf schunkeln und beim leisesten Geräusch des Babyphons wieder aufspringen.

◆ Also hat sich dein Leben durch mich ganz schön verändert?

Komplett. Aber die Betonung liegt auf »schön«. Auch wenn es nicht immer ganz leicht für mich war, die Veränderung hat mir sehr gut getan.

◆ Wollten wir nicht über Erziehung reden?

Wir reden über nichts anderes. Genau das ist nämlich Erziehung. Mit der Erziehung ist das nämlich so eine ganz lustige Sache. Sie funktioniert ganz anders, als die meisten glauben. Wir glauben nämlich noch immer, dass Eltern ihre Kinder durch schöne Worte und Belehrungen erziehen können, aber das stimmt leider überhaupt nicht ...

◆ Das habe ich schon immer vermutet, dass das nur ein Blödsinn sein kann, aber mir glaubt ja keiner.

Ein Kind übernimmt nur, was seine Eltern ihm täglich vorleben. Worte sind Schall und Rauch. Hier rein und dort raus. Ich gebe dir einen Tipp, Julia: Wenn du bei bestimmten Erwachsenen wissen willst, ob sie o. k. sind – schau dir ihre Kinder an! Dann weißt du alles.

♦ Wieso werden Kinder so wie ihre Eltern? Vielleicht will ich ja ganz anders werden.

Es kommt noch schlimmer, Julia. Wir lernen unbewusst von unseren Eltern, wie sie mit dem Leben umgehen, wie sie Beziehungen aufbauen oder Probleme lösen. Als ich von zu Hause auszog, sagte ich mir: Du machst das mal gaaaaaanz anders als deine Eltern. Ich weiß nicht, ob ich es geschafft habe oder ob man es überhaupt schaffen kann, so stark ist die unterbewusste Prägung. Es würde mich nicht wundern, wenn du dein Baby später auch im Tuch tragen würdest.

♦ Was die Eltern sagen, ist ganz unwichtig, sagst du. Es zählt nur, was sie tun.

Das ist auf der ganzen Welt so. Kinder lernen durch Imitieren. Egal, in welchen Kulturkreisen, egal, ob es nur ums Feuermachen geht oder um die Art zu diskutieren. Wenn die Eltern wenig Nähe zulassen, wird das Kind wenig über Nähe erfahren und später dies nicht in seinem Erfahrungsschatz haben. Was uns nicht vorgelebt wurde, haben wir nicht zur Verfügung.

♦ Aber dann kann ich das doch woanders lernen? Es gibt doch Entwicklung.

Irgendwann wird man vielleicht jemanden finden, der einem

ganz viel über Nähe beibringt, aber zunächst wird man dem nicht trauen, weil man das so nicht kennt. Das heißt, ich muss erst mal lernen, eine neue Erfahrung zuzulassen.

♦ War Mama auch so eine Erfahrung?

Ja, durch die Liebe von Mama habe ich wirklich viel gelernt. Durch sie habe ich genügend Vertrauen gefasst, um Liebe wirklich zuzulassen. Es war, als hätte ich ein Leben lang auf sie gewartet. Mit Mama lerne ich, was meine Eltern mir nicht vorgelebt haben. Ich lerne, wie es ist, zu seiner Liebe zu stehen, treu zu sein, Verantwortung zu übernehmen.

♦ Dann lerne ich gar nicht durch Bücher oder die Schule?

Durch Bücher lernst du theoretisches Wissen, und durch die Schule lernst du in Wahrheit wesentlich mehr als nur den Schulstoff. Sonst könntest du ihn doch alleine zu Hause pauken. In der Schule siehst du, wie die anderen sich verhalten, und verhältst dich ähnlich. Du lernst durch Ausprobieren und durch Kopieren, wie es ist, mit anderen umzugehen, Meinungen zuzulassen, du tauschst dich mit Gleichaltrigen über deine Eltern aus …

♦ … und merke, dass es vielen so geht wie mir. Ich lerne auch viel über Freundschaften.

Und du erfährst, ob man dich mag. Und oft passt man sein Verhalten an, man wird fähig, in Gruppen zu arbeiten. Erziehung ist ein so großes Wort, aber letztendlich lernen wir alle jeden Tag immer wieder etwas Neues.

♦ Lernst du heute auch noch, Papa?

Lernen hört nie auf. Ich glaube, heute lerne ich wesentlich mehr, als ich früher in der Schule gelernt habe. Ich schreibe erst seit einigen Jahren Bücher, das ist ganz neu für mich. Wenn ich fremde Länder bereise, lerne ich die einfachsten Dinge immer wieder neu. U-Bahn fahren zum Beispiel. Und wir tun das immer so, wie die anderen es tun. Durch Beobachten und Kopieren.

♦ Mir geht ein Licht auf: Ich habe darum dauernd Unordnung in meinem Zimmer, weil du so viel Unordnung in deinem Büro hast – stimmt's?

(räuspert sich lange ...) Als du zum Beispiel auf die Welt kamst, habe ich mir natürlich auch überlegt, was ich dir alles beibringen will. Da war ich ganz schnell bei Werten wie: Geld ist nicht wichtig! – Lebe dich selbst! – Sei nicht bestechlich! – Lebe nur Gutes vor! – Tu nichts, was anderen schadet, tue nur das, wo du auch dahinter stehst! Und dann stellte ich fest, dass ich das alles zum größten Teil gar nicht selbst lebte. Als Schauspieler nahm ich oft auch Sachen an, die mir tendenziell überhaupt nicht gefielen, aber es wurde viel Geld dafür geboten ...

♦ Was denn zum Beispiel?

Die ganzen Krimis, in denen Menschen umgebracht wurden, nur zur Unterhaltung für die Zuschauer. Aber das, was ich eigentlich schon immer wollte, nämlich schreiben, hatte ich durch meinen Erfolg als Schauspieler völlig vergessen. Und so habe ich durch dich mein ganzes Leben umgestellt. Ich zog mich als Schauspieler zurück, obwohl ich berühmt war und viel Geld damit verdienen konnte. Und dann machte ich das, was tief in mir drin war – meine eigene Wahrheit leben.

♦ Was mir auffällt, Papa – du redest zwar viel von Lernen und Erziehung, nie aber von der Schule. Du hast da nicht so drauf gestanden, oder?

Na ja – Schule ... Die Schule, das ist auch so eine neumodische Erfindung.

◆ Wie bitte – ich höre wohl nicht recht?

Was willst du, Julia? In Deutschland gibt es die Schulpflicht erst seit hundert Jahren.

◆ Das ist doch ganz schön lang. Da hätten sie doch schon mal üben können, damit sie nicht so langweilig ist.

Hundert Jahre ist gar nichts im Vergleich zu vielen anderen Dingen. Noch immer weiß eigentlich keiner so richtig Bescheid, wie die beste Schule aussehen sollte, und deswegen bastelt man ständig an Verbesserungen herum. Man führt neue Fächer ein, nimmt andere wieder heraus. Früher ging ich zum Beispiel noch samstags in die Schule.

◆ Stimmt es, dass man früher noch geschlagen wurde?

Aber heftig! Als ich in deinem Alter war, gab es noch eins mit dem Stock auf die Finger. Das tat höllisch weh. Man wurde an den Haaren gezogen und man musste in der Ecke stehen. Besser gelernt habe ich dadurch nicht. Ich habe die Schule einfach noch weniger gemocht. Ich habe als Kind auch nie verstanden, warum man mit Angst mehr lernen sollte als ohne.

◆ Ich glaube, viele würden gerne in die Schule gehen, wenn sie bloß mehr Spaß machen würde.

Ich verstehe auch nicht, warum Lernen nicht voll der Spaß sein kann. Erstaunlicherweise lernen Kinder nämlich ganz schnell Computerspiele oder die Liedtexte ihrer Lieblingsbands. Und ebenso lernen Kinder am schnellsten nach der Schule. Und zwar bei den Sachen, die sie spannend finden, die ihnen Spaß machen. Durch Freude lernen sie viel schneller. Wenn Unterricht Unterhaltung pur ist, lernen sie gerne. Das merke ich heute noch.

♦ Oft wissen wir gar nicht, warum wir das überhaupt lernen sollen.

Das ging mir als Kind auch so. Es gab so viele Fächer, mit denen ich in meinem ganzen Leben nie wieder etwas zu tun hatte. Aber dass man von allem etwas lernt, finde ich schon gut, damit man überhaupt spüren kann, was einen vielleicht in Zukunft interessiert. Oft versäumen es die Erwachsenen aber einfach, den Kindern Visionen zu geben.

♦ Ist doch merkwürdig, Papa. Zuerst lernen wir gehen und sprechen, und wenn wir das können, lernen wir, ruhig zu sitzen und den Mund zu halten. Warum muss Lernen so eine ernste Sache sein?

Das liegt wohl daran, dass die Erwachsenen als Kinder selbst keine wirkliche Freude beim Lernen erlebt haben. Folglich glauben viele heute noch, dass wirkliches Lernen nichts mit Freude zu tun haben dürfte. Dieses eigentümliche Gefühl gibt man nun an seine Kinder weiter.

♦ Es gibt aber auch Lehrer, die machen das so lustig, dass die Stunde meist viel zu kurz ist.

Das ist das ganze Geheimnis. Als Kind mochte ich nie die Fächer, in denen ich die Lehrer nicht mochte.

◆ Das geht mir auch so. In manchen Fächern bin ich jedes Jahr unterschiedlich gut, weil wir verschiedene Lehrer haben.

Und irgendwann glaubt man, man mag keine Musik, Mathematik oder Englisch. Dabei mögen wir nur nicht die Lehrer und die Art und Weise, wie sie es uns vermitteln. Ich war zum Beispiel in Physik immer schlecht, bis ich einen Lehrer hatte, der so viel Spaß mit seinen Versuchen und Berechnungen machte, dass ich unglaublich gut wurde, weil ich immer mehr darüber wissen wollte.

◆ Also gibt es keine schlechten Schüler. Es gibt nur schlechte Lehrer.

Es gibt keine trockenen Fächer, es gibt nur trockene Lehrer. Wenn man etwas nicht begriffen hat, hat sich jemand nicht richtig verständlich gemacht. Oder auf eine Weise, dass ihm keiner zuhören mag. Als Kind habe ich oft geglaubt, ich sei zu dumm, um etwas zu begreifen. Nein! Die Lehrer sind zu wenig unterhaltsam. Man wendet sich gähnend ab, bevor man überhaupt in die Sache einsteigt.

◆ Das stimmt. Wenn ich einen Lehrer nicht mag, will ich auch nichts für ihn tun.

Kinder arbeiten immer für den Lehrer. Als ich Kind war, habe ich nie für eine Sache alleine gearbeitet.

◆ Oh ja, wenn ich unsere Lehrerin mag, will ich ihr auch zeigen, wie gut ich bin.

Genau. Habe ich mich aber abgelehnt oder ungeliebt gefühlt oder

war gelangweilt vom Lehrer, mochte ich das Fach auch nicht. Da half auch die Nachhilfe nur bedingt. Bei mir war das jedenfalls so. Im Übrigen sind nicht alle Tipps von Lehrern der Bringer.

♦ Ich wette, du kommst wieder mit einer Geschichte!

Natürlich. In Physik hatten wir die Verdunstungskälte durchgenommen. Wenn irgendwo Wasser verdunstet, wird die Umgebung kühler. Unser Lehrer hat uns gesagt, wenn wir es zum Beispiel in unserem Zimmer kühler haben wollten, müssten wir nur den Fußboden befeuchten, das wäre die beste Klimaanlage. Es war ein tierisch heißer Sommer, und wir wohnten auch noch in einer Dachgeschosswohnung, also Afrika pur. Aber Afrika ohne Klimaanlage? Also habe ich die ganze Wohnung unter Wasser gesetzt. Nur so ein bisschen. Und dann wartete ich, dass es kühler wurde. Der Nachteil war nur: Wir hatten einen Kunststoffboden und es war spiegelglatt. Meine ahnungslose Mutter rutschte aus und fiel auf den Po. Dann erging es meinem Bruder auf die gleiche Weise. Zuerst wurde die Katze verdächtigt. Dann testete meine Mutter alle Wasserhähne, ob denn einer undicht war. Und dann schaute sie mich durchdringend an. Ich kann dir sagen, anstatt dass mir kühler wurde, wurde mir siedend heiß.

♦ Ja, ja – diese Lehrer! Warum kann man denen nicht auch Noten geben?

Genau genommen macht ihr das doch. Wenn ihr alle gut seid, ist der Lehrer gut. Wenn in der Klasse viele nicht mitkommen, dann kann der Lehrer sein Wissen einfach nicht wirklich vermitteln. Sind also viele Schüler unaufmerksam oder haben keine Lust auf Lernen, zeigt das nur, dass der Lehrer nicht wirklich geeignet ist, Kindern was beizubringen. Abgesehen davon ist so ein Lehrer gar nicht so stark, wie ihr manchmal glaubt. Manchmal hat der richtig Angst.

♦ Wovor soll ein Lehrer denn Angst haben?

Wird er auch bestehen vor der Klasse? Sind die Kinder nett zu ihm? Machen sie ihn fertig? Mögen sie ihn? Denn was nützt es ihm, wenn alle ihm gehorchen, aber keiner ihn mag? Wer will schon nicht geliebt werden? Das fühlt sich für niemand gut an.

♦ In welchen Fächern warst du eigentlich gut?

Immer in denjenigen, in denen ich den Lehrer mochte.

11. TV

Lehrmeister oder Zeitfresser?

♦ Papa, was ist eigentlich am Fernsehen so schlecht?

Na ja, ist doch komisch, im Fernsehen sehen wir Leute und lassen uns von ihnen unterhalten, die wir niemals zu uns nach Hause einladen würden.

♦ (lacht) Ja, das stimmt. Die meisten jedenfalls nicht.

Und trotzdem hören wir diesen Menschen zu. Sogar ohne zu widersprechen.

♦ Das geht ja auch gar nicht anders, der Film läuft doch weiter.

Nun wissen wir beide jetzt aber, dass wir das meiste im Leben durch Imitation lernen. Was uns vorgelebt wird, ahmen wir nach, bewusst oder unbewusst. Es gibt Untersuchungen, die zeigen, dass Kinder bis zu 40 Stunden in der Woche vor dem Fernseher sitzen, also dort mehr Zeit verbringen als in der Schule. Aber was lernen wir dort?

♦ Aber es sind doch nur Filme.

Ein Film ist nur dann gut, wenn er uns packt, wenn wir ein-

steigen und mitfiebern. Wenn wir die gleiche Angst oder den gleichen Mut haben wie der Held, der gerade ein gefährliches Abenteuer überstehen muss. Wir identifizieren uns mit ihm.

♦ Aber wenn ich den Fernseher ausschalte, bin ich doch wieder ich.

Ja, aber sicherlich hast du auch festgestellt, dass wir noch eine gewisse Zeit unseren Helden nachahmen.

♦ Das macht aber manchmal auch Spaß, in eine andere Rolle zu schlüpfen.

Ja natürlich, aber wir verändern mit der Zeit teilweise unser Verhalten. Wenn unsere Helden uns zeigen, dass Schule langweilig ist, Eltern sowieso doof sind und keine Ahnung haben oder dass Sex unglaublich wichtig ist, dann glauben wir ihnen.

Unsere Meinung zu gewissen Dingen ändert sich. Wir lernen zum Beispiel, welche Klamotten cool sind. Ja sogar, welche Körperhaltung gerade angesagt ist und dass die Hose weit unter die Hüfte rutschen muss, bis die Pofalte sichtbar wird.

♦ Bei uns in der Schule haben fast alle Jungs die Hose weit unten und finden das obercool.

Und wer hat ihnen denn das gesagt, dass das obercool ist?

♦ Das machen alle in den Videoclips so.

Das lernen sie also durch die Videoclips im Fernsehen.

♦ Wieso lernen? Das macht einfach Spaß.

Genau, Musik macht Spaß. Die das dort machen, haben also Spaß. Und wir wollen doch auch genauso viel Spaß haben. Obwohl es meistens Leute aus Amerika sind, die nicht unsere Sprache sprechen und auf der anderen Seite des Kontinents leben, ahmen wir es nach. Und weit, weit weg von denen, hier in München, ziehen Jungs die Hose so weit herunter, bis ihr Hintern ins Auge springt. Und sie veranstalten das nur, weil sie so sein wollen wie ihre Helden.

♦ (kichert) Ich glaube aber nicht, dass sie durch Hosenrunterziehen zu Superstars werden.

(schmunzelt) Oder zu guten Musikern. Aber du siehst daran, wie unterbewusstes Lernen funktioniert. Das Gehirn ist ausgeschaltet.

◆ Aber es gibt doch auch gute Sendungen. Galileo, Welt der Wunder …

Ja, aber wie viele gibt es davon? Leider gibt es immer mehr Filme, die nur eine Botschaft haben: Die Welt ist brutal, kämpfe dich durch! Selbst die »harmlosen« Zeichentrickfilme für die Kleinsten zeichnen sich durch Brutalität aus. Schon die Kleinsten schauen Tom und Jerry und sehen, wie eine Maus mit dem Hackmesser auf eine Katze losgeht und ständig Bomben explodieren.

◆ Oder dass der Held aus einem Fenster eines Hochhauses springt und ihm nichts passiert. Da denkt ein kleines Kind vielleicht, dass es das auch tun könnte.

Die Größeren sehen dann Filme, in denen ständig Morde passieren, oder Serien, in denen es nur um Geld, Macht oder um Sex geht. Sonst passiert im Leben nichts. Und hast du mal die Talkshows für Jugendliche beobachtet, wie die dort miteinander umgehen?

◆ Die mögen sich alle irgendwie nicht.

Genau. Und was ist der Lerneffekt? Die Zuschauer bekommen eingetrichtert, dass diskutieren gleichbedeutend ist mit schreien; keiner lässt den anderen ausreden, jeder beschimpft den anderen. Jeden Tag sehen wir, dass Jugendliche scheinbar nur Freaks und Verrückte sind. Je brutaler man miteinander umgeht, umso mehr Applaus.

♦ Das ist aber nicht die Wahrheit. Wir sind gar nicht so.

Früher war es der Großvater, der die Kinder mit den Geschichten aus seinem Leben unterhielt; heute sitzen Generationen stumm und sprachlos vor der Glotze. Stell dir mal eine Welt ohne Fernseher vor!

♦ Gar nicht so einfach. Aber ich glaube, das wäre auch irgendwie ganz cool. Man würde jedenfalls mehr miteinander machen.

In der Tat, Süße! Stattdessen zieht man es vor, völlig abwesend vor einem viereckigen Kasten zu sitzen, stundenlang in eine Ecke zu starren und sich den Mund voll stopfen zu lassen. Und was sieht man sich an? Menschen, die sich umbringen, sich betrügen und bestehlen. Wie viele Menschen in unserem wirklichen Umfeld kennst du denn, die jemand anderen umbringen?

♦ Mal überlegen! … Eigentlich niemanden.

Die TV-Welt ist also nicht die Wahrheit. Zumindest nicht unsere. Trotzdem schaufeln wir uns das alles in die Seele hinein – als würde das nichts mit uns machen. Unser Gehirn aber nimmt dies als Wahrheit wahr. Sehen wir Filme, wo der schnelle Faustschlag vor dem Argument kommt, werden wir unser Verhalten in diese Richtung ändern – ob wir wollen oder nicht. Das ist das Fiese daran. Horrorfilme führen dazu, dass wir uns zu Hause irgendwann nicht mehr sicher fühlen. Nachrichten zeigen uns täglich, wie unsicher unser Leben ist. Irgendwo fallen Bomben, irgendwo gibt es einen Aufstand, und wir erleben es hautnah mit. Wir sehen Bilder, die nicht einmal die Menschen dort zu sehen bekommen.

♦ Aber die Nachrichten zeigen doch die Wahrheit, das ist nicht erfunden. Oder willst du sagen, dass auch die Nachrichten lügen?

Jeden Tag geschehen Millionen von Dingen – gute und schlechte. Das Fernsehen sucht sich unter all diesen Geschehnissen nur einige wenige heraus. Und immer sind es diejenigen, wo es so richtig kracht – die Dinge, von denen es die schockierendsten und schlimmsten Bilder gibt. Ein Grubenunglück ohne Bilder ist für das Fernsehen nichts wert. Es gibt in den Medien so ein geflügeltes Wort, es heißt: »Only bad news are good news.« Ganz ehrlich, wem hilft es denn, dass wir so brutale Bilder sehen? Sie graben sich in unseren Kopf ein, und wir haben Angst, so etwas auch erleben zu müssen. Und da wir das nicht wollen, möchten wir uns dagegen schützen. Wir tun so, als wäre die Welt ein einziger Horror, die Menschen lauter Gangster und die Politiker nur noch korrupte Egoisten. Dass die Welt auch schön ist, dass es wunderbare Menschen gibt, die für das Gute kämpfen, dass es Liebe gibt und Frieden – das ist dem Fernsehen keine Nachricht wert. Nach dem 11. September, als die Flugzeuge in die Hochhäuser abgestürzt sind, konnten viele Kinder nicht mehr ruhig schlafen. Sie wurden die schrecklichen Bilder nicht mehr los und bekamen lang anhaltende Albträume.

♦ Hast du denn früher auch fernsehen dürfen?

Wir bekamen den ersten Fernseher erst, als ich vierzehn Jahre alt war. Bis dahin haben wir abends immer irgendwas gemeinsam gespielt. Aber ab dem Moment, wo wir diesen Kasten in der Wohnung hatten, haben wir nur noch dorthin gestarrt.

♦ Und gab es damals auch schon so brutale Filme?

Wo denkst du hin! Da war alles ganz harmlos. Es gab nur zwei Fernsehprogramme …

♦ … echt nur zwei?

… und die fingen um fünf an und hörten vor elf wieder auf. Wir hatten auch noch einen Schwarz-Weiß-Fernseher. Man wusste damals noch gar nicht, ob sich die wenigen farbigen Filme überhaupt durchsetzen würden. Aber seit der Fernseher bei uns zu Hause war, haben wir abends nichts mehr gemeinsam unternommen.

♦ Aber so viel gucke ich doch gar nicht.

Ich weiß. Zumindest sollte man immer wieder mal eine Zeit lang ganz ohne Fernseher auskommen, damit man nicht völlig verlernt, mit der Familie etwas zu machen, sich zu unterhalten oder zu spielen.

♦ Oder mal im Garten zu grillen. Oder mal rasch zum Baggersee zu fahren. Oder zu malen. Was mich noch interessiert: Hast du den Fernseher eigentlich schon mal rausgeschmissen?

Oh ja. Ich hab mal ein ganzes Jahr lang fernsehfreie Zeit gemacht. Da haben viele Leute gestaunt und gesagt: »Ausgerechnet du! Wo du doch Filme drehst!« Aber es war eine wundervolle Zeit. Ich hatte plötzlich Zeit für so viele verschiedene

interessante Dinge. Und konnte sie vor allem ganz bewusst erleben. Als ich ein Jahr später den Fernseher wieder zurück-holte, merkte ich, dass ich überhaupt nichts versäumt hatte. Im Gegenteil, ich hatte viel Lebensqualität gewonnen.

♦ Und wieso hast du ihn dann wieder zurückgeholt?

Ich wollte ein wichtiges Fußballspiel sehen. Na ja, und dann bin ich wieder immer öfter davor gesessen.

♦ Wir könnten doch den Fernseher für heute Abend rauswerfen und rollerbladen. Jetzt darfst du aber nicht kneifen!

12. GELD
UND REICHTUM

Ohne Moos nix los?

Sag mal, Süße, was würdest du eigentlich tun, wenn du richtig reich wärst?

♦ Ich würde mir einen Porsche Cayenne kaufen.

Na prima. Dann weiß ich ja, in welchem Auto du mich im Altersheim abholen wirst.

◆ Aber Papa, du musst doch nicht ins Altersheim, wenn ich reich bin.

(mit einem verklärten Lächeln) Ich hab dich so lieb, Süße.

◆ Ich dich auch, Papa. Wenn ich reich bin, bekommst du natürlich ein Pflegepersonal, das sich um dich kümmert.

(minutenlanges Gelächter)

◆ Papa, warum reden Erwachsene eigentlich so häufig über Geld?

Na ja, ohne Moos nix los!

◆ Toll!

Spaß beiseite, Julia. Es ist für Mama und mich gar nicht so einfach, selbstständig zu sein und immer hinterher sein zu müssen, dass genügend Aufträge hereinkommen, damit wir so leben können, wie wir leben wollen.

◆ Was ist das denn überhaupt – Geld?

Geld ist eine sehr angenehme Erfindung, um mit anderen Menschen Arbeit oder Waren zu tauschen. Ich gebe einem Verlag von meiner Arbeitszeit ab – er gibt mir Geld dafür. Früher hat man nur Waren getauscht. Jeder in der Gesellschaft kann das übernehmen, was er am besten für andere tun kann. Und er bekommt von anderen im Tausch über Geld die Waren, die der andere am besten für ihn herstellen kann.

♦ Dann ist es also gut, so viel Geld wie möglich zu haben.

Unglaublich viel Geld zu haben, ist auch nicht unbedingt erstrebenswert, auch wenn fast alle Menschen das denken.

♦ Wieso? Je mehr Geld ich habe, desto mehr tun andere doch etwas für mich …

Ja, aber seltsamerweise verändert großer Reichtum die meisten Menschen sehr negativ. Sie werden häufig stolz und hartherzig und distanzieren sich von ihren Mitmenschen. Sie beginnen tatsächlich zu glauben, sie seien etwas Besseres, und meiden oft den direkten Kontakt. Viele trennen sich sogar von ihren Mitmenschen – ziehen hohe Mauern um ihre Grundstücke und wollen mit normalen Leuten nichts mehr zu tun haben.

♦ Also ist ganz viel Geld schlecht?

Geld verdirbt den Charakter, heißt es. Die meisten Spenden in unserem Land, etwa bei Katastrophen, gehen von ärmeren Leuten ein – das hat man statistisch festgestellt. Es ist wohl so: Viele besitzen gar nicht das Geld, sondern das Geld besitzt sie. Sie werden davon regelrecht beherrscht.

♦ Wie Dagobert Duck.

Dagobert Duck badet in Geld, aber ist extrem geizig. Er rückt keinen Pfennig raus. Durch viel Geld scheint man eine Menge Probleme zu bekommen. Obwohl alles schöner und einfacher zu werden scheint, vergrößern sich fast immer die eigenen Sorgen.

♦ Aber gar kein Geld zu haben, vergrößert auch ganz schön die Sorgen.

Wenn man jeden Tag darüber nachdenken muss, wie man es nur schaffen kann, seine Miete zu zahlen oder den Eisschrank zu füllen, das kann einen richtig krank machen. Daran siehst du, dass beide Extreme einfach nicht gut sind, weil sie uns die wesentlichen Dinge im Leben vergessen lassen. Geld ist also schon wichtig, und es bietet uns auch eine gewisse Form von Freiheit und Sicherheit. Aber man darf es nie allzu wichtig nehmen oder gar als oberstes Ziel in seinem Leben sehen.

♦ Wenn man es genau betrachtet, dann haben die extrem Reichen und die extrem Armen etwas gemeinsam. Sie beschäftigen sich beide intensiv mit Geldverdienen.

Das stimmt. Und beide tun es zwanghaft. Geld sollte am besten den gleichen Stellenwert in unserem Leben haben wie die Liebe zu unseren Mitmenschen, zu unserer Familie, zu unserer Gesundheit und unserer Arbeit. Man sollte eigentlich nur so viel Geld haben, wie man braucht, um die eigenen Bedürfnisse zu befriedigen.

♦ Und dann natürlich noch etwas Geld, um anderen damit helfen zu können.

Verschenktes Geld bringt einem übrigens die größte Freude. Darüber freut man sich manchmal mehr, als wenn man sich selber irgendetwas kauft.

♦ Aber man kann doch Menschen auch ohne Geld helfen.

Wenn man jemand Zeit schenkt, etwas, was die meisten Menschen heute nicht mehr haben, dann finde ich das sogar noch wertvoller.

♦ Oma sagt auch immer, man sollte sich mit seinem Geld auch selbst immer wieder einmal eine Freude bereiten.

Oh ja, natürlich. Wir sollen nicht nur die anderen, sondern auch uns selbst sehr gern haben, dürfen uns belohnen und verwöhnen. Gerade dann, wenn es uns einmal nicht so gut geht. Und dann sollte man natürlich noch darauf achten, genügend Geld zu haben für die Zeit, in der man vielleicht krank ist oder alt und nicht mehr arbeiten kann.

13. SCHÖNHEIT, GLÜCK UND SINN

Suche nicht nach dem Sinn des Lebens – gib ihm einen

♦ Papa, findest du mich eigentlich schön?

Julia – das ist eine Fangfrage. Wenn ich Ja sage, glaubst du mir nicht, und wenn ich Nein sage, bist du sauer ...

♦ Findest du mich schön?

Ja, ich finde, dich hätte man nicht besser machen können. Ich bin ganz stolz auf dich. Ich schau dich ganz gerne an. Du gefällst mir sehr. Ob du mal das wirst, was die in der Medienwelt eine »Schönheit« nennen, ist mir schnurzpiepegal. Halt – so ganz egal ist es mir doch nicht. Bitte Julia, werd kein »Model«!

♦ Warum denn nicht, Papa? Es ist doch toll, ein Model zu sein und von allen bewundert zu werden, weil man schön ist. Ich finde, schöne und berühmte Menschen haben es einfacher im Leben.

Sag das nicht: Alle bewundern zum Beispiel Robbie Williams, er selbst aber hat die größten Probleme mit Drogen und Frauen.

... Aber erst mal zu den Models. Die meisten haben Standardnasen, Standardlippen, einen Standardkörper – so dass man sie kaum unterscheiden kann. So ein Püppchen möchtest du doch nicht werden, oder?

♦ Es gibt ja auch tolle Models, die gar nicht gleich aussehen. Haben die es nicht einfacher im Leben?

Ja und nein. Du weißt doch, wie das ist. Schöne Menschen werden immer freundlicher behandelt als andere, man lächelt ihnen zu, man umgibt sich gerne mit ihnen, man gibt ihnen sogar lieber etwas als jemandem, der ein schiefes Gesicht macht oder hat ...

♦ ... und wenn man schön ist, kriegt man auch viel leichter einen Partner.

Und sicherlich ebenfalls einen schönen oder reichen. Die Welt steht schönen Menschen offener als anderen.

♦ Aber ist das nicht ungerecht?

Ja – von außen betrachtet fällt ihnen scheinbar alles zu.

♦ Wenn man schön ist, hat man das Glück gepachtet.

Schön wär's, Julia. Aber es gibt immer zwei Seiten. Schöne Frauen oder gut aussehende Männer erfahren im Laufe ihres Lebens viel öfter Enttäuschungen als andere. Meistens werden sie nur wegen ihres Äußeren, wegen ihres Körpers bewundert und nicht wegen ihrer Seele. Aber nur nach dem Äußeren bewertet zu werden, verletzt. Mag der Körper noch so schön sein – wenn die Seele eines Menschen nicht beachtet wird, verkümmert etwas in ihm.

♦ Wie macht man das denn – die Seele beachten?

Man muss sich für die Geschichte dieses Menschen interessieren, für seine inneren Qualitäten, für seinen Humor, für seinen guten Charakter. Und manchmal muss man einem schönen Menschen helfen, dass er eine Aufgabe findet, vielleicht eine soziale Aufgabe, die er mit Hingabe verfolgt, statt immer nur auf sich und seine Schönheit zu starren und darauf, ob alle Leute ihn immer noch bewundern.

◆ Wenn man schön ist, wird man ja auch älter.

Richtig. Und wenn dann die Falten und Krähenfüße kommen und man nicht gelernt hat, für etwas anderes zu leben als für seine eigene Fassade, wird man rasch verletzt und verbittert, kann oft auch hart werden. Da muss dann Schminke und Schmuck ersetzen, was an innerer Schönheit da sein sollte.

◆ Das fühlt sich bestimmt nicht so gut an.

Ich denke auch. Nicht so schöne Menschen haben mit dem Altern weniger Probleme. Sie haben das Kapitel, den Körper anzunehmen, wie er ist, bereits in jungen Jahren durchgemacht, als sie noch wesentlich mehr Kraft und vor allem noch genügend Lebenszeit vor sich hatten.

♦ Schöne Menschen werden auch dauernd angequatscht – stimmt's?

Ja, auch wenn sie es gar nicht wollen. Schöne Frauen leben in ständiger Abwehr. Aus reinem Selbstschutz bekommen sie in der Öffentlichkeit Scheuklappen, und dafür hält man sie für stolz und kalt.

♦ Ich möchte auch nicht dauernd angemacht werden.

Das kann ziemlich nerven. Ich bin immer wieder platt, wie plump und aufdringlich das manche Männer machen.

♦ Denen müsste man das Getränk ins Gesicht schütten.

Ja, aber jeden Tag? Und das mehrmals? Das kommt auf die Dauer teuer, immer ein neues Getränk zu bestellen. Deshalb ziehen manche schöne Frauen ganz unweibliche Sachen an, weil sie keine Lust mehr auf dieses blöde Spiel haben. Du siehst: Schön sein kann ganz schön nerven. Alles hat immer zwei Seiten. Man soll einfach mit dem zufrieden sein, was man hat, und das Beste daraus machen. Schönheit ist jedenfalls keine Garantie dafür, dass man sein Glück findet.

♦ Sag mal, Papa, findest du dich eigentlich schön?

Na klar finde ich mich schön. Aber lange nicht mehr so schön wie damals, als wir die »Powenzbande« drehten. Es war eine klasse Familiengeschichte mit sieben Kindern. Ein Fünfteiler – eine ziemlich große Sache für das Fernsehen damals. Ich wollte die Rolle unbedingt spielen, aber ich hatte doch schulterlange blonde Haare – mein ganzer Stolz. Ich fand mich total cool, sah

echt stark aus. Die wollte ich auf keinen Fall schneiden lassen. Das Ganze spielte aber um die Jahrhundertwende, und da hatten alle ganz kurze Haare. Dennoch schaffte ich es, die Rolle zu bekommen und meine Haare zu behalten. Ich war so beharrlich und überzeugend, da schrieb man das Buch halt ein bisschen um. Ich war eben der Künstler in der Familie, der Maler. Und für einen Künstler gelten andere Gesetze. Aber – und nun kam der Hammer – Ruth Maria Kubitschek spielte meine Mutter, und die hatte rote Haare. Also bekamen wir alle die Haare rot gefärbt. Man sagte uns, nach Ende der Dreharbeiten können wir uns einfach wieder umfärben lassen. Das ging auch bei allen. Aber nicht bei mir und Michael Ande. Wir waren blond, und unsere Haare wurden rosa. Leuchtend rosa. So ein glühendes, hässliches Rosa. Und so was hatte ich auf meinem Kopf. In der Schule war ich schnell die Rosa. Jeder kannte mich, jeder sprach über mich. Aber es half nichts. Ich musste es rauswachsen lassen. Kannst du dir vorstellen, wie das aussah? Halb blond, halb rosa? In der Klasse, beim Sport, ein hüpfendes, ballfangendes rosa Etwas? Sogar die Lehrer nannten mich Rosa. Der Name blieb mir, bis ich die Schule wechselte.

♦ So was Schönes wie dich damals hätte ich gerne mal gesehen.

Schön war ich, aber unglücklich ...

♦ Papa, warum sind eigentlich so viele Menschen so wenig glücklich? Warum können wir eigentlich nicht dauernd glücklich sein?

Das ist eine interessante Frage, die ich mir auch oft stelle. Manche haben ein schönes Zuhause, eine Familie, ein Auto, Geld zum Leben, eine interessante Arbeit ...

♦ ... einen vollen Eisschrank ...

... genügend Freizeit, einen Partner, der sie liebt, gesunde Kinder. Für alles scheint gesorgt, und trotzdem genügt immer irgendetwas nicht. Ständig gibt es etwas zu meckern und zu kritisieren.

♦ Warum müssen Erwachsene denn ständig meckern?

Vielleicht, weil sie eine bestimmte Vorstellung vom Glück haben. Vielleicht, weil sie nicht wahrhaben wollen, dass sie bereits glücklich sein könnten. Dass sie dazu eigentlich nichts mehr brauchen. Stattdessen reden sie sich dauernd Dinge ein, die sie zum Glück noch benötigen. Wenn wir erst einmal im neuen Haus sind ...

♦ … wenn ich endlich ein neues Auto habe.

Genau auf diese Weise sind wir unglücklich. Wir schauen gerne auf andere und glauben, dass sie es besser haben als wir selbst. Und damit rückt das Glück in weite Ferne. Man sieht nicht mehr, wie gut es einem geht, sondern nur noch wie schlecht. Man schaut nur noch auf das, was nicht funktioniert, und nicht auf das viele, was wunderbar läuft.

♦ Wenn man glücklich ist, hat man dann keine Wünsche mehr?

Man braucht jedenfalls nichts Bestimmtes, um glücklich zu sein. Wichtig ist, dass die Wünsche nicht so wichtig werden, dass wir glauben, dass wir erst dann glücklich sein könnten, wenn sich unser Wunsch erfüllt. Ansonsten werden wir nämlich niemals glücklich, weil wir ständig nur eingebildete Bedürfnisse befriedigen müssen.

◆ Weil wir immer wieder etwas anderes wollen.

Genau. Kaum haben wir uns endlich das dreifach gebrizzelte Mega-Maxi-Giga-Teil gesichert, sind wir tief enttäuscht. Wir merken nämlich, dass es uns gar nicht so glücklich macht, wie wir gedacht haben. Und schwups – haben wir einen neuen Wunsch, der uns bestimmt endlich, endlich glücklich machen wird. Wenn ich erst mal in die achte Klasse komme …

◆ … wenn ich erst erwachsen bin und eine eigene Wohnung habe …

… oder endlich verheiratet bin …

◆ Wenn ich endlich Kinder habe …

Wenn ich erst mal geschieden bin …

◆ Wenn ich dann mein eigenes Geld verdiene …

Das hört sich nach einem Leben an, in dem das Glück immer nur in der Zukunft liegt.

◆ Und deswegen nie erlebt wird.

Toll, dass du so viel verstehst. Du bist eine richtige kleine Philosophin, Julia. Als ich vor vielen Jahren durch Indien gereist bin, habe ich ganz viele Menschen getroffen, die überhaupt nichts hatten, aber eine ungeheure Würde und Kraft besaßen und glücklich waren. Glücklich kann man immer sein, so oder so. Es ist immer eine Frage, wie ich mich und die Welt betrachte.

◆ Die Kunst ist also, dir etwas zu wünschen und trotzdem glücklich zu sein, auch wenn die Wünsche einmal nicht in Erfüllung gehen …

Irgendwo habe ich einmal einen klugen Satz gelesen: »Es gibt erfülltes Leben trotz vieler unerfüllter Wünsche.«

◆ Es gibt ein paar Leute, die sagen: Jeder Mensch hat eine Aufgabe von Gott. Das glaube ich ja auch. Aber wenn man nicht weiß, was die Aufgabe ist, was nützt es dann?

Man sollte eben herausfinden, was die Aufgabe sein könnte.

◆ Und wie soll man das machen?

Indem man in sich hineinhört. Und sich immer wieder diese Fragen stellt: Was ist mein Sinn? Wofür bin ich da? Mit dem, was ich kann. Hier in München, in dieser Straße, in diesem Haus, mit diesen Menschen. Jetzt – nicht erst in zwanzig Jahren.

◆ Und dann finde ich den Sinn meines Lebens?

Ganz sicher. Hör nicht auf all das, was andere dir sagen oder
was sie gerne möchten, das du tust. Es gibt etwas in dir, das genau Bescheid weiß. Diese Stimme in dir ist manchmal nur ganz
leise, weil alle anderen Stimmen so laut sind. Weil alle anderen
immer Forderungen und Wünsche an dich haben. Aber auch
weil du selbst ganz viele Wünsche hast, die dir Freude bereiten. Wenn man immer nur auf seine schnellen Wünsche hört,
kann es sein, dass man später etwas wird, was man eigentlich
in der Tiefe des Herzens gar nicht werden wollte.

◆ Und dann ist man unglücklich.

Genau. Wie oft wird jemand Lehrer, nicht weil er Kinder so gerne hat, sondern weil es die Eltern so wollten. Oder eine Frau
heiratet einen Mann, um anderen zu beweisen, welch einen tollen Typen sie vor den Traualtar geschleppt kriegt. Oder jemand
traut sich nicht, den gut bezahlten Job auszuschlagen, der ihn
überfordert. Manchmal muss man auf seine innere Stimme hören und Nein sagen ...

◆ Damit man wirklich glücklich wird.

Glücklich kann man immer sein. Auch jetzt. In diesem Augen-
blick. Ich habe mal einen Spruch gelesen, der mich sehr be-
eindruckt hat: Suche nicht nach dem Sinn des Lebens – gib ihm
einen.